儿童感觉统合游戏指导书

伍玥溪 ◎ 编著

中国纺织出版社有限公司

内 容 提 要

婴幼儿时期是孩子身体发展最快也最为关键的时期，其中6岁之前孩子的感觉统合发展尤为重要，一旦出现感觉统合失调，将会影响孩子的身心健康和学习能力，每个父母都要重视这一问题。

本书根据不同的感觉系统，分为六大主题，涵盖了前庭觉、本体觉、触觉、视觉、听觉、精细动作等方面感统游戏训练。本书集专业性和普及性于一体，用通俗的语言向家长们阐述感觉统合的含义以及如何在家庭教育中将游戏穿插到感觉统合训练中，让父母可以根据孩子的需求选择游戏，让孩子在快乐的游戏中获得进步。

图书在版编目（CIP）数据

儿童感觉统合游戏指导书 / 伍玥溪编著.--北京：中国纺织出版社有限公司，2022.7
ISBN 978-7-5180-9150-8

Ⅰ.①儿… Ⅱ.①伍… Ⅲ.①游戏课—学前教育—教学参考资料 Ⅳ.①G613.7

中国版本图书馆CIP数据核字（2021）第230578号

责任编辑：刘桐妍　　责任校对：高　涵　　责任印制：储志伟

中国纺织出版社有限公司出版发行
地址：北京市朝阳区百子湾东里A407号楼　邮政编码：100124
销售电话：010—67004422　传真：010—87155801
http://www.c-textilep.com
中国纺织出版社天猫旗舰店
官方微博 http://weibo.com/2119887771
天津千鹤文化传播有限公司印刷　各地新华书店经销
2022年7月第1版第1次印刷
开本：710×1000　1/16　印张：12
字数：108千字　定价：49.80元

凡购本书，如有缺页、倒页、脱页，由本社图书营销中心调换

前言

作为成人，我们都知道，每个人每天从起床开始，都要接受来自外界的各种信息，我们用眼睛看，用耳朵听，用手和身体去触摸与感受，我们可以毫不费力地走路、吃饭，可以随手拿起手边的书本……这一切都在按部就班、有条不紊地运转着，这就是感觉统合的作用。但如果其中一个部分出现故障，身体表现出来的行为也会出错。那么，什么是感觉统合，什么是感觉统合失调呢？

感觉统合是指个体在日常生活中，将来自不同感觉通路的信息，如视觉、听觉、嗅觉、味觉、触觉以及平衡觉、本体觉等，通过大脑的前庭进行辨识和过滤，然后把重要信息传递给大脑进行处理、协调整合后形成知觉，身体再做出反应。感觉统合失调是指外部的感觉刺激信息无法在脑神经中进行有效组合，大脑对身体器官失去控制和组合能力，而使身体不能和谐运作的现象。

在孩子的成长过程中，感觉统合也发挥着巨大的作用，尤其是在六岁以前，这一时期的孩子需要丰富的营养和大量的感觉刺激，他们的大脑才会得到充分的开发，长大后的孩子也才会更加健康和聪明。相反，孩子如果感觉统合失调，会导致大脑无法合理安排身体的动作，包括注意力、自我控制能力、协调能力等，削弱认知和适应力。

正因为人的大脑具有感觉统合的能力，所以才能协调身体对外界的刺激做出适应性反应。因此，成长中的孩子不仅需要各种感觉学习，还需要家长关注其感觉统合的发展，并对其进行有效的感觉统合训练。

  如何对成长中的孩子进行感统训练，是很多家长们正在探索的问题。心理学家告诉我们，人类的行为在很大程度上都是趋乐避苦所致，而儿童最喜欢的就是游戏，家长最好寓教于乐，将游戏运用到感觉统合训练当中，这也是我们编写本书的目的。

  本书旨在引导家长朋友们了解感觉统合的基本知识和游戏训练的方法，书中介绍的一些游戏，对已经出现了感觉统合失调的宝宝，同样可以起到矫正的作用。本书立足现实的家庭教育，具有实用性和可操作性，希望能对广大父母和幼儿教师有所帮助。

编著者

2021年8月

目录

第01章
认识并了解感觉统合以及感觉统合训练 / 001

感觉统合 / 003

感觉统合是如何参与到儿童身心发展过程中的 / 006

感觉统合失调会有哪些表现 / 010

如何判断孩子是否感觉统合失调 / 013

什么是感觉统合训练 / 016

游戏与家庭中的感觉统合训练 / 019

第02章
发现问题,为孩子做个感觉统合能力测评 / 023

为儿童进行专业测评能知晓儿童的感统发展状况 / 025

儿童本体觉系统发展情况测定 / 028

测一测儿童的前庭平衡能力发展情况 / 031

孩子的触觉敏感度如何测定 / 035

"滑板"是测定孩子感统失调的重要教具 / 038

测一测你的孩子智力如何 / 041

第03章
儿童前庭觉训练游戏 / 045

被动爬行：训练宝宝各个部位的肌肉 / 047

跷跷板：锻炼孩子肢体的灵活性 / 049

灌篮高手：锻炼孩子的四肢肌肉和手眼协调能力 / 051

运送乒乓球：训练宝宝手部控制能力和平衡能力 / 053

前滚翻：训练身体的协调和平衡能力 / 055

荡秋千：帮助宝宝强化固有平衡，训练前庭功能 / 057

独脚凳：训练宝宝对身体的控制能力 / 060

旋转木马：前庭训练最好的游戏之一 / 062

跳、跳、跳——强化宝宝的前庭刺激 / 064

一起跳舞：让孩子感觉身体舞动的节奏 / 066

第04章
儿童本体觉训练游戏 / 069

过山洞：健全孩子的本体感觉 / 071

鱼儿游泳：强化宝宝对外界环境的反应能力 / 073

练表情：加强孩子面部本体感觉 / 075

拉火车：训练宝宝身体的操作能力和本体感 / 077

找妈妈：训练孩子的反应能力和本体感 / 079

被动操：促进宝宝的大动作发展 / 081

升降机：加强宝宝的身体概念 / 084

飞翔：帮助宝宝强化肌肉感觉 / 086

坐球游戏：强化宝宝前庭及脊髓中枢神经健全发展 / 088

转身训练：强化孩子本体感和双侧协调能力 / 090

坐一坐：训练宝宝身体的灵活性 / 092

第05章
儿童触觉训练游戏 / 095

虫子爬：提高宝宝的触觉反应力 / 097

沙土游戏：刺激宝宝的触觉 / 099

摸一摸字母：让宝宝认识抽象的图形 / 101

抓握玩具：训练宝宝的手眼协调能力 / 103

水中游：刺激宝宝的皮肤和触觉神经 / 105

捏一捏：激发宝宝指尖的触觉灵敏度 / 107

洗澡游戏：通过水对宝宝进行刺激训练 / 109

小刺球游戏：刺激宝宝的身体 / 112

梳头游戏：改善触觉功能过于敏感 / 114

刷身游戏：对宝宝进行触觉强化 / 116

第06章
儿童视知觉统合训练游戏 / 119

认识白与黑：提升宝宝的视觉和关注能力 / 121

眼睛跟着彩笔转：让宝宝的注意力跟随你转移 / 123

一起画画：培养宝宝对色彩的感知力 / 125

玩具去哪了：调动宝宝主动观察的兴趣 / 128

找差别：有助于训练宝宝的观察力 / 130

这是谁的东西：让宝宝学习分辨物品 / 132

看看能不能接住它：训练宝宝注意力转移的能力 / 134

猜五官：训练宝宝的观察力和手眼协调能力 / 136

玩扑克游戏：训练宝宝的注意力和快速反应能力 / 138

第07章
儿童听知统合训练游戏 / 141

和宝宝多说话：为宝宝提供好的声音和语言环境 / 143

寻找声音：提升儿童的听觉辨别力 / 145

高个矮个：训练孩子的听觉专注力 / 147

这是什么声音：时刻提醒孩子有意识地倾听 / 149

听高雅音乐：开启宝宝的音乐天赋 / 151

打电话：帮助宝宝练习听的技巧 / 153

听声音猜乐器：锻炼宝宝的听觉注意力 / 155

小小传话员：培养孩子专心听别人说话的习惯 / 157

相反动作：提高孩子的听觉专注力和听觉记忆力 / 159

跳井：训练孩子的听觉专注力 / 161

第08章
儿童精细动作训练游戏 / 163

把手中的物品放进嘴里：宝宝精细动作训练的第一步 / 165

咬一咬：引导孩子用嘴感知物品 / 167

翻一翻书：训练宝宝手指的灵活性 / 169

把物品从容器中倒出来：训练宝宝手部的力量 / 171

画妈妈的影子：有助于提升宝宝精细动作的发展 / 173

串糖葫芦：指导宝宝提升精细动作技能 / 175

玩积木：帮助儿童构建空间感 / 177

穿珠游戏：训练宝宝手部的灵巧程度 / 179

参考文献 / 181

第01章
认识并了解感觉统合以及感觉统合训练

在家庭教育中,"感觉统合"这一名词近几年来受到人们的广泛关注,越来越多的家长开始用科学的眼光与方法来进行亲子教育,谁都不愿意让孩子输在起跑线上。然而,谈到感觉统合,不少家长还是很陌生,那么,到底什么是感觉统合呢?感觉统合衍生出来的感觉统合训练又是什么呢?在本章中,让我们走近并了解感觉统合。

感觉统合

我们每个人都生活在一定的社会和自然环境中,对外界具有一定的感知能力,当我们看到绚烂的花朵时,使用的就是人的视觉系统,而闻到饭菜的香味时,使用的就是人的嗅觉系统,再比如,我们听音乐时使用的就是听觉系统……在日常生活中,我们早已对这些感觉司空见惯,不过,我们没有认识到的是,这些感觉其实是相互作用、集体运作的。以我们看到一朵绚丽的花为例,参与到其中的其实不只是视觉,还有嗅觉,我们能闻到花的气味,当我们摘下这朵花时,触觉告诉我们这朵花是柔软的,而本体觉告诉我们它是有重量的。

为此,心理学上有个著名的名词——感觉统合来描述这种现象,那么,什么是感觉统合呢?

所谓感觉统合,指的是人的身体和大脑相互协调和相互学习的过程,在这个过程中,人们可以利用自己的感官,以不同的感觉通路(视觉、听觉、味觉、嗅觉、触觉、前庭觉和本体觉等)从环境中获得信息,再输入大脑,然后交由大脑进行一系列的处理和分析,并做出适应性反应的能力,简称"感统"。

再举个简单的例子,当别人给我们一个苹果,我们会理所当然地讲,这是一个苹果,但事实上,我们的大脑早已经借由各个感官做出了完整的

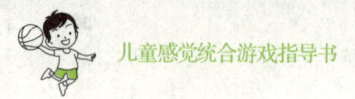

感觉统合运作：眼睛看到苹果的颜色、形状，鼻子闻到它的味道，手摸到它的触感……

这些消息在输入我们的大脑后，大脑开始对其进行处理。我们在伸出手接过别人给的这个苹果时，就会看一看、闻一闻，进而对这个苹果进行一些信息处理，从而确定它是一个苹果。

我们任何人都不是真空存在的，都是处在一定的环境中，外界会向我们的感官传达一些信息，这些信息输入大脑，大脑再进行一系列的信息整理分析，进而留下需要的，删减不需要的，我们再根据这些信息做出进一步的行动，这就是感觉统合的过程。

在亲子教育过程中，一些父母可能认为感觉统合是一个拗口且陌生的名词，但其实它并不复杂，它由美国南加州大学临床心理学博士爱尔丝（Anna Jean Ayres）于1969年首先系统提出。

20世纪70年代，欧美和日本等国家出现了很多问题儿童，这些儿童都有类似的表现：好动不安、注意力不集中、笨手笨脚、严重害羞等，教育专家很快注意到并开始研究和着手解决这一问题。在经过一段时间的调查研究和分析后，终于在1972年爱尔丝博士根据脑功能研究，提出感觉统合理论。爱尔丝博士认为感觉统合是指将人体器官各部分感觉信息输入组合起来，经大脑统合作用，完成对身体内外知觉做出正确反应。

现如今，在很多领域内，比如脑神经科学内，越来越多的专家开始学习、运用感觉统合这一词语，我们也可以说感觉统合理论是以脑神经生理学为基础发展而来的。

事实上，人一旦离开了感觉统合能力，我们的大脑和身体就陷入了瘫痪状态。有研究表明，在儿童中，从感统失调不同的严重程度来看，原因有很多种，但无论是什么原因，一旦感统失调，就会出现上述症状，一直困扰着老师和家长。

教育专家们认为，成长中的孩子几乎都存在着不同程度的感觉统合失调问题，正因如此，爱尔丝博士等12位世界级儿童心理生理专家首次开发了感觉统合智力训练系统，这一训练针对1~15岁孩子，目的是让他们在玩乐中通过本系统的数十种训练器材刺激孩子的前庭、本体、视觉、触觉、听觉的综合发展，促进孩子的全面感觉统合。

从20世纪70年代起，西方发达国家以"儿童感统训练会馆"的方式开始普及感觉统合训练系统，20世纪80年代初感统训练系统传入亚洲的日本和韩国，之后传入我国的香港和台湾地区的幼儿园中，逐步达到了95%的普及率。但在中国内地，感统训练系统普及率还很低。

感觉统合是人一生中不可缺少的最重要的学习，由于人类大脑发展特别快，婴幼儿时期的感觉统合学习几乎占据了一生的80%，因此，儿童的感觉统合学习对其身心发展起着其他任何学习所无法代替的作用。

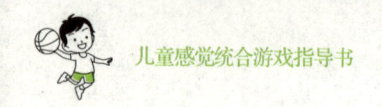

● 感觉统合是如何参与到儿童身心发展过程中的

生活中，我们任何人对于外界的感觉都是经由自身的一些感觉系统，如视、听、嗅、味、触等器官参与其中，并在自然的状态下进行的。不过，要完成这样的学习，并不是只有这些感觉器官的参与就行了，重要的是进入大脑的感觉刺激信息能在中枢神经形成有效的组合，也就是"感觉统合"，正因为有这种能力，大脑才能协调身体对外界做出适当的反应。

一些家长可能认为"感觉统合"是个晦涩难懂的理论，其实我们可以将其比喻为交通管理者，没有它们，交通将乱成一团。感觉统合使我们感觉神经的交通不至于中断，所有的学习和动作能顺利进行。在达成各种有目的的协调行为上，感觉统合的能力非常重要。

在儿童成长过程中，3~6岁是感知觉和运动发展极为迅速的时期，是促进和提高感觉统合能力的关键期。此时儿童大脑的发展，必须要有适宜的刺激，这种刺激主要还是来源于环境，如果宝宝需要的刺激被屏蔽或剥夺，就如同宝宝的身体得不到食物营养一样，就无法进行"统合"。那么，在儿童成长的过程中，感觉统合是从哪些方面参与到他们的身心发展中的呢？

1.视觉

顾名思义，就是把通过我们的眼睛接收到的信息传送给大脑，再经

由脑部视觉处理中心处理和分析，并使他们与其他感觉信息进行统合。然后，脑干核把信息传送到脑干的其他部分和小脑，以便与运动信息相协调，将运动信息传送到肌肉。

2.听觉

和人类的视觉一样，人类的听觉也是一种接收外界信息的方式，在人的脑干中也有个听觉处理中心，人的内耳听觉接收器一旦接收到来自外界的刺激，就会自动开启处理功能。

人的听觉处理中心靠近脑干中的视觉处理中心，两者可以相互交换信息，就像视觉输入一样，有些听觉信息也会传送到脑干其他部分及小脑，以便与其他感觉与运动信息相协调。听觉信息与其他感觉信息混合后，继续传到大脑半球的几个部分。

3.触觉

有了触觉，我们才能感受到来自外界的温度、湿度、疼痛、压力及震动，触觉来源于我们的皮肤，可以说，触觉系统是我们人类最早的感觉系统，我们呱呱坠地，就会用手去抓和触摸，所以，触觉感是先天形成的，在人类的胚胎期就已经开始形成触觉系统。主要作用是保护人体对冷、热、痛、痒的正确反应，辨别触摸到的物体的软硬，感受压力的大小。

4.本体感觉

本体感觉（又称深感觉）是来自我们身体内部的肌肉、关节的感觉，它是了解肢体的位置与运动的感觉。

我们的这些感受上传到脊髓、脑干及小脑，部分传至大脑半球，大部分本体感受输入在大脑产生感觉的区域加以处理。平衡感是人类后天形成的，平衡能力主要来自骨架和中枢神经的功能，并在中耳的半规管组成辨识神经体系，以调节身体和地心引力的关系。人类生存的每分每秒都要与

地心引力做平衡性的感觉统合。

5.前庭觉

人的前庭系统是极为敏感的，一旦位置和动作有任何改变，都会对人的大脑产生很大的影响。

其实，这种影响在人还是胎儿的时候就已经形成了。在子宫中的第五个月，前庭系统就已发展得很好，母亲在整个怀孕期间，她的身体一旦产生移动，都会对胎儿的前庭系统产生刺激。

前庭觉大部分在前庭核（脑干前面）和小脑中处理，然后由这两处下传脊髓，进入脑干，在脑干中担任重要的统合角色。前庭觉是由前庭神经核组成的神经体系的功能。前庭觉是人类先天形成的，包括视觉、听觉、前庭平衡觉、口腔触觉。前庭觉的主要功能是接受脸部正前方的视、听、嗅、味、触信息，并经过滤及辨别再传给大脑，使大脑不至于太忙碌，注意力才能集中。前庭觉会影响孩子成长以后的视觉、听觉性质学习。

6.平衡感与前庭平衡感

所谓平衡感，指的是利用人的内耳的三对半规管及耳石（碳酸钙结晶）来探测地心引力并控制头部在活动中的方位，以保持人的身体骨架与地心引力之间的平衡。

前庭平衡感是指人类整个身体的触觉、关节活动信息经过前庭过滤以选择重要的信息作回应。只有前庭觉和平衡感取得完全协调，大脑才能正确辨识身体的空间位置。

在孩子成长过程中，这些感觉系统是共同参与的，只要有一项出现了"纰漏"，就会导致孩子出现感觉统合失调的问题，孩子便会出现哭闹、挑食、注意力不集中、平衡性不好等问题。一些父母认为，这些问题会随着孩子年龄的增长而减轻和消失，其实不然，这些反而会随着年龄的增长变得更加复杂。原本只是单纯的感统问题，到后面可能会夹杂着情绪问题、行为问题、人际互动等不良影响，并随着时间推迟越来越严重，甚至影响着孩子的成长。

总之，任何父母都要尽早学习感觉统合的知识，并将其运用到对孩子的亲子教育中，如果发现孩子存在感觉统合失调的问题，要尽快干预，不能让其影响孩子的身心健康。

感觉统合失调会有哪些表现

无论是成人还是成长中的儿童,感觉统合能力只有在运转良好的情况下,才能保证人们的生活、学习和工作按部就班地运行,反之,就会影响甚至严重影响日常生活。为此,心理学上有个重要的概念——感觉统合失调,那么,什么是感觉统合失调呢?

顾名思义,就是指外部的感觉刺激信号无法在人的大脑神经系统进行有效的组合,而使机体不能和谐的运作,久而久之形成各种障碍最终影响身心健康。"儿童感觉统合失调"意味着儿童的大脑对身体各器官失去了控制和组合的能力,这将会导致儿童各方面的能力被削弱,比如学习能力、认知能力等。

那么,感觉统合失调有哪些表现呢?

1.听觉系统失调

儿童常会掩耳朵或按压耳朵;对尖锐或拉高的声音一点儿也不讨厌,甚至喜欢;有时对很小的声音感兴趣;喜欢无端尖叫或自言自语。

2.触觉系统失调

儿童害怕陌生的环境,过分依恋父母、容易产生分离焦虑,过分紧张;喜欢吮吸手指,咬指甲,触摸生殖器;偏食,暴饮暴食,逃避咀嚼;对某种感觉特别喜欢。

触觉统合失调的孩子往往对别人的触摸十分敏感,怕理发、怕打针、做事瞻前顾后,心理上总有一种担心害怕、易受惊的感觉,这样的孩子一般较为孤僻,喜欢独处,不喜欢参加集体活动,会黏人,容易紧张、冲动,脾气固执、胆小、内向、不合群,社会性发展会受到严重影响。

3.视觉系统失调

一些常见的东西,他在看到后也会害怕;喜欢看一些颜色鲜艳的东西;喜欢看手发呆;喜欢将物品排队;喜欢斜眼看东西;喜欢躲在较阴暗的角落;喜欢看色彩鲜艳、画面变换较快的广告;喜欢看风扇或转动的东西;喜欢坐车,着迷于窗外的风景。

4.本体感觉失调

喜欢他人用力推、挤、压;手脚喜欢用力做某些动作;动作模仿不到位,常望着手脚不知所措;俯卧地板时全身较软,头、颈提起困难;坐姿不稳定,会东倒西歪。力度控制较差,常会因太用力而损坏玩具或因力度太小抓不住东西。速度控制较差,跑起来难以按指示停止。

本体统合失调的孩子多数表现动作笨拙,拍球、跳绳、跑步时动作不协调,肌肉的收缩、伸张以及骨骼关节间压缩、转动时感觉信息传递存在障碍,大脑、肌肉、手眼协调性差,自理能力不佳,做事消极,自信心不足,而且情绪不稳定,脾气暴躁。

5.前庭觉失调

表现多为喜欢自转,而且转很久不觉头晕;喜欢看、玩转动的东西;经常喜欢爬高,边走边跳;平衡差,走路东倒西歪,经常碰撞东西;颈部挺直时间较同龄儿童短,常垂头。

前庭觉统合失调会让孩子在学习与生活中常常观测不准距离,无法正确掌握方向,经常会左右手不分、方向感不明、鞋子穿颠倒,经常会撞到

墙壁、碰到桌椅、易摔跤，怕爬楼梯，怕走平衡器材，平衡能力差，平时表现出好动不安、小动作多、注意力无法集中、做事没信心，使学习成绩受到影响。

对感觉统合失调儿童的诊断可以依据父母报告、日常行为观察和临床工作者对儿童的各种生活、心理的测量和评定等形式综合判断。

一般来说，视觉统合失调的儿童，在课内课外阅读时，经常会出现读书跳行、漏字，数学题目会抄错，辨认不出p与q、b与d，缺乏空间概念，以及把一个字的左右偏旁写反，上下倒错等，从而造成学习困难。久而久之，必然会造成孩子学习成绩下降，跟不上学习进度，在心理上产生自己不如他人的自卑感，使孩子自信心不足、退缩、自我评价低。

不少父母认为，只有那些感觉统合失调的孩子才需要进行感统训练，其实不然，据大量科学调查研究表明，几乎所有的孩子都存在感统失调，只是表现程度不同而已。对于感统失调的孩子，教育专家认为，如果他们能在12岁以前接受专业的训练，那么很容易得到纠正，但是一旦超过这一年纪，将很难改变，甚至会成为孩子一生的遗憾。因此，父母要对这一问题引起重视，一旦发现孩子存在感统失调的问题，一定要及时加以干涉。

如何判断孩子是否感觉统合失调

前面，我们已经分析过，人类的感觉包括视觉、听觉、嗅觉、味觉、触觉等，人们通过这些感觉将来自外界的信息收集起来并传达给大脑，大脑再对这些信息进行分析、加工和处理，从而指挥人做出适当的反应完成各项活动。这一过程就是感觉统合。婴幼儿时期的感觉统合学习几乎占据了一生中的80%。一旦这些感觉失灵了，不能将各种信息准确无误地传入大脑，就是感觉统合失调。

那么，在家庭教育中，我们该如何判断孩子是否感觉统合失调呢？以下是一些依据。

1.孩子经常横冲直撞、跑来跑去，做各种小动作

细心的家长只要留意就会发现，这些孩子似乎无论何时都在做各种小动作，他们总是不能安静地坐下来，总是跑来跑去、横冲直撞，且完全不顾周围的情况是否危险，还有些甚至喜欢用膝盖撞地板，咬人，撞头，下巴用力顶住妈妈的手等，做出很多危险的行为。

2.对触摸很敏感

孩子喜欢这里摸摸，那里碰一碰，走在路上的时候都要去触摸别人，也有另外一种极端，这些孩子害怕别人碰到自己，总是焦虑不安。

不管是在上学，逛街，走路，这些孩子的手一直没有停止去触摸。他

或许拔拔花花草草，碰碰水果摊的水果，或许扯扯时装店的衣服，抓抓卖场里的米粒、绿豆，甚至有时候摸摸路人的大腿或包包。

3.抗拒接触

一些小孩抗拒接触任何事物，比如妈妈的拥抱、小伙伴的牵手，生活中，他们总是哭闹，理发会哭，衣服湿了会哭，不穿袜子会哭，鞋子进沙子会哭，别人靠近都显得紧张抗拒。

4.经常摇头晃脑或者围绕一个物体转来转去

如果我们成年人围绕着一个物体转可能会头晕，但是感觉统合能力失调的孩子则不会，他们可以旋转几十圈甚至上百圈都不会晕；或者一直摇头，还一边很兴奋地笑；有些小孩还喜欢像风一样到处跑，像弹簧一样跳不停，非常好动坐不住，这样的情况总让爸爸妈妈苦恼不已。

5.孩子喜欢看一些闪闪的东西

孩子喜欢看夜晚的灯，也喜欢看自己的手。有时候爸爸妈妈会觉得孩子对什么都不感兴趣，只喜欢看自己的手、看外面的光，玩具也专门挑有灯光的看，只是看而不是玩，似乎有得看就满足了，还会莫名兴奋，让家长和周围的人都感到莫名其妙。

6.孩子很害怕喇叭声、吸尘器声等很多高亢尖锐的声音，还会留意到很多细微的声音

楼上的流水声，时钟的滴答，声风扇摇晃声……往往听到这些声音的时候，孩子经常处于一种紧张的状态，会捂住耳朵，或者一直问妈妈这是什么声音。又或是注意力完全在声音上了，整个人呆呆的，给学习和生活造成很大影响。

7.孩子总是有气无力、软绵绵的，很少看到他们笔挺地站着

孩子虽然看起来力气不弱，可就是拿东西不稳还经常打翻东西；走路

不稳，容易摔跤，经常感觉很累，整个人软软的懒懒的，提不起劲儿。

以上一些只是列举的孩子感觉统合失调的常见表现，通常感觉统合失调的小朋友不只是其中一种表现，而是以上诸多表现的综合，但是反过来说，有以上这些表现未必完全是感觉统合失调造成的，也有可能是其他因素综合导致的。

不少家长认为，孩子感觉统合失调，就是智力低下，其实不然，只是因为感统能力失调而抑制了孩子各方面能力的发展，比如，学习能力、运动技能、社会适应能力等。而由于这些孩子心理总处于一定的紊乱状态，学习和生活质量就会不断下降。尤其是到了学龄期，在学习能力和性格上会出现这样或那样的障碍，导致学习能力下降，语言表达不畅，心理成熟晚，情感脆弱，自控能力差，缺乏自信，不会和别人交往，人际关系差等问题。

家长对孩子进行感觉统合能力的训练，最好从玩乐中开始，制订游戏训练方案，以游戏的形式对孩子进行一系列的行为和脑力强化训练，使儿童能充分感知各种刺激，在大脑中进行感觉的统合，促进全方位的发展，提高注意力、记忆力、自我控制能力、概括推理能力等。通过感觉统合的训练，孩子会有以下方面的进步：身体协调性获得了提高；学习能力提升；不良行为习惯得到了改善；表达能力和人际交往能力得到提升；抑制的感觉能力逐渐成熟，各方面能力得到提升；树立了自信心。

● ▶ 什么是感觉统合训练

在日常的家庭教育活动中，作为父母，如果我们发现孩子有这样一些表现，比如，做事丢三落四、作业拖拉、调皮好动、说话结巴、平衡能力差、鞋带系不好、胆小、不合群、吃饭挑食或者暴饮暴食，那么，你需要警惕，你的孩子很有可能是感觉统合失调。

对于孩子的这些问题，在过去，一些父母会粗暴地将其归结为孩子是患有多动症，年纪大了自然就好了；还有一些父母会将孩子交给医生管理，让孩子打针、吃药等，但却发现收效甚微，反而造成孩子发育不良；还有的家长认为孩子是性格问题，有意不听话，对孩子又打又骂，造成了孩子的身心创伤。

关于感觉统合失调的问题，父母首先要认识的一点是，孩子的这些表现并不会随着年龄的增长而自然消失，需要给予必要的矫正。感觉统合失调在日常生活中训练效果最好，由此，感觉统合训练概念出现了。

那么，什么是感统训练？

感觉统合训练就是在游戏中帮助孩子建立对外界信息的正确条件反射，所以，感统能力训练不仅是一种严格的训练，更是一种有趣的实验，正因如此，很多孩子都愿意参加。

感觉统合训练的部分有很多，包括给予儿童前庭、肌肉、关节、皮肤触摸、视、听、嗅等多种刺激,并将这些刺激与运动相结合。

感觉统合训练涉及心理、大脑和躯体三者之间的相互关系,而不只是一种生理上的功能训练,儿童在训练过程中获得熟练的感觉,增强自信心和自我控制的能力,并在指导下感觉到自己对躯体的控制,由原来焦虑的情绪变为愉快,在积极积累经验的基础上,敢于对意志想象进行挑战。

首先,可请专业人员为孩子做一次感觉统合测评,再对测评结果以及孩子出生、发育过程进行仔细分析后,专业指导人员会对存在感统失调现象的孩子制定有针对性的训练建议。

如果专家建议孩子进行专门的训练,那么孩子将在训练周期内得到训练人员的专业指导,针对孩子的薄弱方面进行大量的强化训练,包括专业的训练设计、专业的心理引导、提供具有理想强度的安全有趣的训练活动,帮助孩子对各种感觉输入产生有效的响应,整合好复杂信息,提高脑能。

专家认为,对于感统失调的儿童来说,3~13岁接受感统训练最适宜。心理专家通过测查,诊断孩子的感觉统合失调程度和智力发展水平,然后制定相应的训练课程,通过一些特殊研制的器具,以游戏的形式让孩子参与,一般经过1~3个月的训练,就可以取得明显的效果。

相反,也有一些感统失调的儿童,因为没有得到及时的干预,他们的身体和智力发育都受到了无法挽回的一些负面影响,比如身体平衡性差、迟钝,学习基础差、心理发育迟缓和人际关系障碍,进而出现厌学、逃学、撒谎等问题,甚至会出现品行障碍,这些孩子的品行障碍长大了就会发展为人格障碍,变成犯罪的易感人群。

专家还建议,家庭中父母对儿童进行感统训练,最好寓教于乐,从游戏着手,因为儿童天生是爱玩的,在玩中训练能让他们感到愉快,对儿童

来说，治疗就是玩，成人也可以这样认为。但训练同时也是一个重要的工作，因为训练中有老师或训练人员的指导，儿童不可能在没有指导的游戏中取得效果。营造游戏气氛不只是为了愉快，而是让儿童更愿意参与，从而使他们从训练中获得更多的收益。

另外，父母们还需要注意的是，儿童感觉统合训练不仅是对生理功能的训练，还涉及心理、大脑和躯体之间的相互关系，儿童通过训练可增强自信心和自我控制能力。儿童经过一段时间的行为集中训练后，动作变协调，情绪变稳定，注意力改善，对于学习困难的儿童，参加感统训练后学习成绩会显著提高。

●▶ 游戏与家庭中的感觉统合训练

前面，我们提到了儿童感觉统合失调的一些表现，其实这些表现都有一些共通性，主要原因是信息的接收、处理、反馈存在一定的障碍，那么就需要进行感觉统合训练来帮助孩子改善问题、提高能力，为孩子的未来搬开感觉统合失调这块绊脚石。当然，孩子越小，其神经的可塑性越强。所以，家长要抓住时机，做一些专业的感觉统合训练，让孩子的能力稳步发展。

一些父母对于孩子的感觉统合失调抱有侥幸心理，认为随着孩子年纪的增大，问题自然会消失，其实不然，我们应该尽早帮助孩子纠正，因为感统失调通俗的说法是：儿童大脑在发展的过程中出现很轻的障碍，药理是无效的，必须通过合理的训练才能纠正。

还有一些父母认为，只有那些已经被明显认定为感统失调的儿童才有必要对他们进行感统训练，这种说法有失偏颇。据大量科学调查研究表明，几乎所有的孩子都存在感统失调问题，只是程度不同而已，对于这些孩子身上的问题，只要进行积极的干预和治疗，在12岁之前都能得到纠正，一旦超过这个年龄，难度就大了，甚至影响到孩子的一生。一旦经过一段时间的训练，这些孩子在身体平衡能力、协调能力以及注意力、情绪、自控能力、学习能力、逻辑推理能力、饮食、睡眠等方面均有令人满

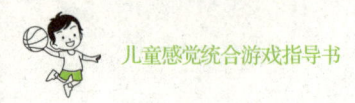

意的提高和改善。

那么，如何对儿童进行感统训练呢？心理学家指出，人类的行为在很大程度上都是趋乐避苦所致，良好的情绪是大脑思维的润滑剂。所以，在感觉统合训练中，父母要尽量满足儿童对"快乐"的心理需求。那如何满足儿童的这一心理需求呢？很简单，寓教于乐，在游戏中训练儿童的感统能力。

然而，生活中有一些父母，在孩子很小的时候，就想让孩子识字，但他们却不讲教育方法，仅在纸上写几个字，让孩子照葫芦画瓢进行模仿。这种教育方式孩子毫无兴趣，自然也学不好。而父母便认为孩子在偷懒，往往采取惩罚的手段。这样的教育方法只会让父母累，孩子苦，不仅收效甚微，还会造成孩子的逆反心理，在将来上学后，孩子也会对学习发怵，甚至出现逃学的行为。

我们可以说，让孩子在婴幼儿时期有充分的玩的机会，对于孩子的智力和非智力因素的发展都是极为重要的，同时，也能避免孩子出现某些身心上的障碍。

在玩乐中，孩子的智力、想象力、创造力、与人交往的能力等都得到了锻炼，这些都是将来接触社会时必须掌握的。

因此，对孩子进行感觉统合训练，我们一定要重视方法，最好能寓教于乐，因为对于婴幼儿阶段的孩子来说，他们大部分的时间都在玩中度过的。因此，当你的孩子开始在草地上摸爬滚打的时候，千万不要喝止孩子，这是引导孩子掌握平衡和灵活性的最佳时期。如果你的孩子大一点了，你还可以放手让他和同龄孩子参加游戏。

在一个人的成长过程中，游戏非常重要，尤其是在建立自尊和自信这一问题上，游戏的种类很多，比如在玩"扮演"类游戏时，一些女孩子

就特别擅长扮演角色和设计游戏情节，儿童能在游戏中认识自我，通过游戏，他们能选择玩什么，或者做什么，也可以决定和谁一起玩等，最终完成身份的认同——这正是建立自尊必不可少的步骤。

通过游戏，儿童还可以发现自己有能力做些什么，因为游戏有助于培养他们在语言、社交、动手能力和解决难题等各个方面的能力，从而加强他们的自信和积极性。

另外，家长需要注意的是要为儿童营造活泼、有趣的游戏环境，这样，将感统训练应用到其中，能减轻儿童的恐惧。

总之，良好的情绪是大脑思维的润滑剂，我们父母在对孩子进行感觉统合训练的时候，一定要站在孩子的角度考虑问题，不能一味地逼迫孩子，这样反而没有效果，甚至还会让孩子反感，相反，家长要尽量满足儿童对"快乐"的心理需求，让孩子在轻松愉快的游戏环境中，提高感统能力。

第02章
发现问题，为孩子做个感觉统合能力测评

　　感觉统合能力对儿童成长的重要性已是毋庸置疑，这一点也被家长们逐渐认识到，但很多家长困惑的是如何判断孩子的感觉统合能力。事实上，感觉统合失调的儿童会在一些言行举止的细节处表现出来，家长可以通过细心观察自己的孩子来进行判断，也可以运用一些专业的测评方法，如果孩子确实存在感觉统合失调，一定要及时发现和进行干预，不能听之任之，影响孩子的身心健康和成长。

为儿童进行专业测评能知晓儿童的感统发展状况

生活中，不少家长总是困惑自己的孩子是不是感觉统合失调，因为他们的孩子似乎都有这样一些改不掉的毛病，比如：太活泼好动、一刻也停不下来；走路东倒西歪、生活中十分黏人；学习中不知提醒多少遍，还是粗心；明明智力正常，却总是犯一些简单的错误……

对于这些问题的困惑，如果父母们能给儿童做一个感觉统合发展的测评，便能消除了。在经过专业的测评后，如果儿童确实存在感觉统合失调的情况，父母在必要时可进行相应的调整或干预。

教育心理学家经调查研究发现，感觉统合失调发生在12岁以下儿童身上的概率更高。感觉统合失调存在不同的类型，通常包括有身体运动障碍、结构和空间知觉障碍、前庭平衡功能障碍、听觉语言障碍及触觉防御障碍，其他分法还有：视觉功能失调、听觉功能失调、触觉功能失调、本体觉功能失调、前庭觉功能失调等。

感觉统合失调将会在不同程度上导致人的认知与适应能力被削弱，人的社会化进程也会推迟，这些人常常伴有注意力不集中，学习容易出差错，做事笨手笨脚、拖拖拉拉、丢三落四等问题，有的孩子显得害羞胆小，有的孩子可能脾气暴躁。

据统计，现代化都市家庭中，感统失调的孩子达85%以上，其中30%的

孩子为重度感统失调。那么，感觉统合失调的原因有哪些呢？

儿童出现感觉统合失调的主要原因是：妈妈怀孕期间先兆流产、妊高症、胎位不正、情绪不稳定、早产、剖腹产等，成长过程中缺乏运动、缺乏游戏活动等。

国内外众多的研究表明，儿童统合失调会直接影响儿童学习技能的发展、技能学习效果及学业课程成绩；如果人体在幼年时大脑对四肢的控制能力或大脑处理信息并反馈的能力得不到有效协调会导致儿童的学习困难。多动症的儿童群体中有近八成伴有感觉统合失调的症状；孤独症、行为问题等儿童中也有一些伴有感觉统合失调症状。另外，很多在学习中说话、阅读、书写、推理和计算能力较差的学生都伴有感觉统合能力失调的现象。

各类失调都会对儿童的综合发展造成负面影响，使得正常生活和学校必要的高级认知活动，如注意力、学习能力、人际交往能力等的发展受到阻碍，甚至引发学习障碍、行为问题等，降低儿童的生活质量。另外，专家认为，感觉统合发育的关键时期是3~7岁。因此，进行早期感觉统合训练，可以有效地预防儿童感觉统合失调的发生。大量研究与实践表明，感觉统合治疗对儿童的认知功能、注意力、运动协调能力及学习能力均有明显的改善。

专业人士指出：首先，家长要了解孩子的真实情况，对一些异常行为有所警觉，不要对孩子恶声恶气或满脸怨气，孩子是否真的感觉统合有问题，这需要经专业人员的鉴定，家长可寻求专业人员的帮助并进行训练。这样，家长就不会把孩子学习技能障碍误以为是粗心大意。其次，感觉统合失调是功能性的问题，经过训练是能够得到纠正的，因此家长对此不必忧心忡忡，要有耐心地帮助孩子，并保证一定时间和数量的感统训练。

在家里，家长也可开展一些初步的训练，比如让孩子沿着地板缝这一直线走，也可以让孩子多跳绳、拍皮球等，从专业角度来说，这些练习能协助父母对孩子进行感觉统合训练。有些感觉统合失调的孩子往往注意力不集中，只要稍微有点事就分心了，一般家长对此都不能理解，认为是孩子不听话、调皮，却忽略了可能是感觉统合失调导致的。因此，家长要充实有关儿童心理发展和感觉统合方面的知识，耐心地帮助、训练孩子逐步延长集中注意力的时间，在规定时间内孩子如果再次出现分心的现象，家长要及时提醒，以防止其进一步发展成坏习惯。

感觉统合失调确实会造成孩子动作技巧不成熟、动作协调性不够等现象，但这些现象也有可能是由于孩子本身发展较慢，或者还没有达到成熟年龄，或者还在发展、学习某项动作，因此表现得不够熟练而已，所以，对孩子的异常表现不能一概而论，究竟是发展步调较慢，还是孩子存在着生理、心理问题，这需要由专家做鉴定。

另外，感觉统合训练也绝不是"万灵丹"，并非孩子所有的问题都能用感觉统合训练来解决。当然，对于年轻父母而言，如何促进孩子感觉统合能力协调发展，仍是一个值得重视的问题，因为儿童在8岁以前神经的可塑性很强，家长如能把握时机，在此期间发掘孩子脑功能的优势，诱导其发挥长处，改进短处，将使其终身受益。

总之，儿童感觉统合的发展对其成长尤为重要，而通过专业的测评能尽量地知晓孩子的感统发展状况，因此，很有必要对孩子进行测评。

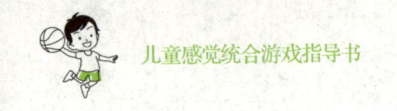

▶ 儿童本体觉系统发展情况测定

前文，我们提到了本体觉，本体觉是指人对自己身体的感觉，例如，对大、小肌肉的控制，手-耳协调，手-眼协调，身-脑协调，动作灵活和灵巧，因此本体觉又称作"身体地图"。如果孩子大脑对手部肌肉的控制能力欠缺，那么，孩子最明显的表现就是写字写不好、字写不进格子里、做什么事都慢半拍；手眼不协调，看到的和写出来的就会不同，常出现抄写错误、写字颠倒等问题，面对孩子这样的表现，不少家长总是责备孩子粗心大意："太粗心了，怎么照抄还会错？"手-耳不协调的，听到的与写出的不一致，听写就容易出问题；身-脑不协调的，大脑对身体控制不良，上课、写作业时身体老转来转去，不安地乱动，小动作多等。

本体觉发展不足的孩子，手脚笨拙，动作缓慢拖拉，没有上进心，缺乏自信心，脾气暴躁，粗心大意。另外，因为控制小肌肉和手-脑协调的脑神经与控制舌头、嘴唇肌肉、呼吸和声带的神经是相同的，所以，本体觉发展不足的孩子，大脑对舌头、嘴唇、声带的控制不灵活，容易造成语言障碍，如语言发育迟缓，发音不清，大舌头、口吃等。

口腔肌肉的训练与语言能力有关。家长不要一听到孩子哭就把孩子抱起来，可以适当地让孩子哭一哭，让孩子感受自己不同的音调、音量，使大脑神经与声带肌肉联系起来。如果孩子不是母乳喂养，在为孩子选择奶瓶和奶嘴时，最好选择那种奶嘴不是很大的奶瓶，这样能让孩子通过嘬、吸、咬等动作训练口腔肌肉。另外，年幼的宝宝都喜欢吃手，一开始是吃自己的拳头，后来是手指，从4个手指吃到1个手指，家长觉得脏可能会阻止孩子，其实这是孩子对自己身体感觉的分化，家长不要限制。

家长还要注意训练孩子的生活自理能力。让孩子学习使用筷子，自己刷牙洗脸，上厕所自己用纸、自己系鞋带，有的家长看孩子笨手笨脚，为了让孩子快起来，就让孩子用勺子吃饭、为孩子买鞋选择那些不用系鞋带的，更不让孩子做家务。家长不认为这些与学习有什么关系，其实这些会严重影响孩子心理能力的发展。越是手笨、动作慢的孩子，越应多锻炼。大脑指挥手干活的过程与大脑指挥手写字的过程是一样的，手笨、协调性差的孩子，写作业也会很慢。

本体觉是最重要的神经调节器，其抑制功能可以帮助削弱前庭觉和触觉的过度反应。本体觉活动包括提重的篮子、拉玩具箱、任何出力的活动或动作，包括关节的挤压及拉伸均可使过度反应的神经系统正常化，利用本体觉活动可以减轻触觉过度反应和重力不安全感，并使神经系统维持在理想的警醒状态中。

那么，在家庭教育中，怎样判断孩子的本体觉系统发展情况呢？对此，我们不妨来给孩子做一个简单的测定：

行动缓慢、懒散、没活力，做事缺乏效率；

过度依赖他人，对身体上的小伤过于担惊受怕。喜欢被人照顾；

不喜欢平衡木，也不喜欢登高；

穿脱衣服、扣纽扣、拉拉链、系鞋带，动作缓慢、笨拙；

到陌生环境局促不安，也容易迷路；

顽固、偏执、不合群、孤僻；

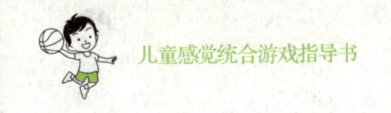

吃饭掉饭粒，口水控制不住；

语言不清，发音不佳，语言能力发展缓慢；

不喜欢翻跟头、打滚和爬高；

到幼儿园不会自己洗手、擦手，不知道怎么用剪刀和用卫生纸擦屁股；

上幼儿园（大、中班）仍不会用筷子，不会拿笔、攀爬或荡秋千；

不善于玩积木，组织东西、排队、投球。

回答"从不这样"得5分，"很少这样"得4分，"有时候"得3分，"常常如此"得2分，"总是如此"得1分。孩子有上述问题或测试的总分较低，最好请教专门的医生。

我们要知道，本体觉不是天生就具备的，需要后天的训练。例如婴儿期的翻身、滚翻、爬行训练；幼儿期的拍球、滑梯、平衡等训练；儿童期的跳绳、踢毽子、游泳、打羽毛球等训练对孩子本体感的发育都是非常重要的。但是，不少家长怕孩子摔着，不让孩子到处爬；或过早使用学步车，没让孩子爬就直接走路；老抱着孩子，而不让他自己活动；让孩子看电视、看书、学琴、学画多，运动少，结果阻碍了孩子本体感的发展，以至于影响后天的学习能力。现在孩子的活动空间、活动量比过去减少，家长要注意孩子动作协调性的训练，以增强孩子的学习能力。

▶ 测一测儿童的前庭平衡能力发展情况

前庭系统是感觉系统之一，负责掌管平衡感，主要的功能为侦测地心引力，当个体进行加速或减速活动时，会调整头部倾斜的位置，以维持身体的平衡，在撞到东西或跌倒时能及时反应，保护身体，此外前庭系统还有促进其他神经系统发展的功能。

它的运作器官是内耳的半规管，里面充满了与神经细胞相联结的绒毛，当外在刺激产生时，神经细胞获得讯息，便做出反应。

在人的头脑内部，内耳的前庭与半规管是平衡觉的接受器，可以说是平衡觉输入大脑的第一关，透过不同方向的重力与不同方向运动的影响，对这些平衡接受器的不同的内部构造会有不同的作用，并转换成神经讯号，接着透过前庭觉神经（第八对脑神经）经由下丘脑到达中枢神经系统（CNS），其对信号进行解读与判断，完成平衡知觉过程，让人可以感受到头部的空间位置（静态平衡）与位置的改变（前进、旋转、上升等），并做出适当反应。

前庭觉神经与脑神经第三对（动眼）、第四对（滑车）与第六对（外展）有直接的联系，透过平衡觉反射控制眼球动作、头部摆正与身体张力的变化。平衡觉对眼球动作的影响是造成旋转后眼球震颤的原因，最早由爱尔斯博士用来做平衡觉评估。眼球的控制影响了视觉的发展，而头部与

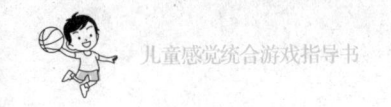

身体的稳定与本体觉的发展有关。而视觉、平衡觉，以及本体觉在脑部的整合影响了后续注意力与动作计划的发展。

幼儿注意力的问题有很多种，如果平衡觉的路径有很多，就有可能造成注意力不足，但其他因素也会影响注意力，如其他感觉的发展、行为习惯、人格特性等。因此，我们所说的幼儿的注意力不足问题不能全部归结到平衡觉问题。

所谓平衡觉问题，和其他感觉系统一样主要有两种，一种是不够敏感，另一种是过度敏感。先前提到平衡觉在各个方向由不同的构造所控制，因此幼儿也可能选择性对某些方向的刺激过度敏感或是不够敏感（如同耳蜗对高低频率或是声量有不同的敏感度）。从这个角度再来看幼儿的感觉需求，就不难推论前庭觉对幼儿行为的影响，例如有些幼儿因为平衡觉较不敏感有平衡觉寻求的行为，喜欢速度快的刺激；而有些幼儿则无法忍受被人抱着或是任何自己无法控制的姿势改变。

大脑具有可塑性，随着感觉经验的累积会发展出适应性行为来满足与调节感觉需求，因此在平衡觉方面，感统所做的介入就是运用游戏治疗的原则，针对幼儿的需求，增加幼儿的感觉经验，以发展出适应性行为为目标。平衡觉的活动如让幼儿荡秋千、翻跟斗、冲滑板等都是感觉统合治疗架构中常使用的活动，而这些活动也分别对幼儿的平衡觉有不同的影响，需要谨慎使用，对于前庭觉过度敏感的幼儿，尤其要小心。要选择何种介入方式，需要依靠幼儿的行为表现与治疗的目标而定。

第一种情况是前庭平衡能力不足。

一般说来，前庭觉经验不足或是对于前庭觉比较不敏感，进而造成前庭觉寻求的过动幼儿，透过平衡觉的输入经验是有助于平衡觉的整合的，减少了平衡觉寻求的诱因，当然过动的行为就会减少；此外也有助于眼球控制、身体姿势与动作控制，进一步的注意力、学习能力等认知功能的发展也能获得改善。

第二种情况是过度敏感。

如果是过度敏感的幼儿，有可能对于平衡觉刺激有错误的知觉判断，可能造成容易头晕等不舒服的症状，或是发展出重力不安全感、惧高、焦虑等认知心理障碍，不舒服的症状会干扰幼儿的学习与注意力，也会让幼儿减少动作控制学习的机会。治疗方向也是透过感觉刺激经验诱发适应性行为为主。但如果用的刺激太多，造成幼儿的排斥与恐惧的心理障碍，就弊多于利了，因此如何给予适当的特定感觉刺激，是父母及训练师在使用感觉统合训练时要相当小心的。

除了针对平衡觉（前庭觉）做介入外，通常前庭觉问题会合并有本体觉的问题，常见的外显症状如低张力等，也可以通过增强本体觉刺激的活动来做训练。

在家庭教育中，作为父母，为了判定孩子的前庭能力发展情况，可以给孩子做以下测定：

喜欢玩旋转的游戏或者游乐设施，但不会感到头晕；

一些日常的活动，比如吃饭、画画、玩耍时双手协调不良，常忘了另一边；

经常自言自语，重复别人的话，嘴边经常挂着电视上听到的广告用语；

喜欢围绕一个物体绕圈却不感到累；

喜欢惹人、捣蛋、恶作剧；

对陌生地方的电梯或楼梯，不敢坐或动作迟缓；

常左右不分，鞋子、衣服常常穿反；

不安地乱动，东摸西摸，不听劝阻，处罚无效；

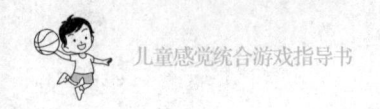

虽看到了仍常碰撞桌椅、旁人、柱子、门、墙；

手脚笨拙，容易跌倒，拉他时仍显得笨重；

俯卧地板和床上，头、颈、胸无法抬高；

爬上爬下，跑进跑出，不听劝阻；

表面左撇子，其实左右手都用；

组织力不佳，经常弄乱东西，不喜欢整理自己的环境。

回答"从不这样"得5分，"很少这样"得4分，"有时候"得3分，"常常如此"得2分，"总是如此"得1分。孩子有上述问题或测试的总分较低，最好请教专门的医生。

孩子的触觉敏感度如何测定

触觉的发展对心理发展有重要的作用。家长可以对照下列问题来检查孩子是否存在触觉敏感的问题：

对家人特别暴躁，强词夺理，到外面则胆小害怕；

喜欢黏人和被搂抱，不喜欢陌生环境；

内向、软弱、爱哭，常触摸生殖器；

喜欢吃手或咬指甲，不喜欢剪指甲；

不喜欢和别人谈话和玩碰触游戏，不爱洗脸和洗澡；

害怕新环境，常常刚到不久就要求离开；

挑食、偏食，不爱吃菜或软皮；

羞怯不安，喜欢独处，不爱和别人玩；

听而不见，过分安静，表情冷淡，无故嬉笑；

看电视或听故事，容易受感动，大叫或大笑，害怕恐怖镜头；

特别怕黑，喜欢别人陪伴；

晚上不睡，早上不起，上学、放学都很拖拉；

喜欢咬人，并且常咬固定的人，无故碰坏东西；

换床睡不着，不能换被子或睡衣，外出常担心睡眠问题；

不爱玩沙土和水，怕脏，有洁癖倾向；

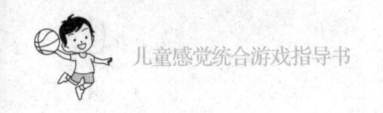

对危险和疼痛迟钝或反应过于激烈；

不喜欢眼睛看着别人说话，喜欢用手势表达；

过分安静或坚持古怪玩法；

过分保护自己的东西，尤其讨厌别人从背后接近他；

独占性强，不让别人碰他的东西，经常无缘无故地发脾气。

孩子的行为"总是如此"时得1分，"常常如此"得2分，"有时如此"得3分，"很少如此"得4分，"从不这样"得5分。得分越低，触觉敏感程度低。具体检查标准可以咨询医生。

对于触觉敏感度低的孩子，作为父母，我们可以让孩子做一些触觉类游戏，包括玩沙、玩土、游泳及用小被子把孩子裹起来，轻轻按压他的大关节、大肌肉，用不同质地的沐浴擦给孩子洗澡等。

触觉过分敏感的孩子，我们会发现，他们有这样一些表现，如敏感度较强，不愿意做滚动类游戏，也害怕被挤压，为此，我们在对孩子做感统训练时，可以先对孩子的腹部（仰卧时）和背部（俯卧时）进行压挤，因为这两个部位接受起来更容易一些，等孩子适应以后，再对孩子的腿部和足部以及臀部进行挤压，由于足部离大脑最远，多压挤刺激足部，有助于协调大脑和身体。经过一段时间的训练后，可以在孩子身上加上毛巾，还可把大笼球内的气放掉一半，这种改变可让孩子感受到重力感的变化，对前庭觉的协调刺激有特殊效果。

还可以引导孩子做俯卧大笼球的游戏，也就是：让孩子俯卧在大笼球上，指导者抓住他的双脚，将两腿平举，并做轻微的前后推拉和左右转动，前后左右快慢的变化，可以丰富孩子的前庭觉，让他有更好的重力感调适。注意不要太快，让孩子努力自己去保持平衡，以免滑落到球下。尽量帮助孩子在大笼球上体会、练习如何利用手、脚及头部的运动来保持平衡，保护自己。

玩这个游戏，当孩子在大笼球上能抬头挺胸，并将手和上臂上举，则表示孩子的肌肉张力足以抗衡地心引力，保持抗重力的姿态；如果孩子头抬不起来，双手紧张地扶住笼球不知所措，全身紧张僵硬，表示身体的协调性不良，指导者可扶住孩子的腿部，协助孩子保持平衡，消除紧张感。

头和双手能顺利抬起的孩子，日常生活中身体倾斜、跌倒或受到意外碰撞时，身体的保护性反射比较灵敏，双手伸展保护的能力也较强，头部较不容易受伤。

相反，重力感不强，姿态不佳的孩子，平衡能力也较差，在日常的活动中经常磕磕碰碰，遇到突然的碰撞时，保护反射较差，较容易受伤，这类孩子平常动作不够灵活，较胆小，在大笼球上会有恐惧感，指导者也可以用双手压住孩子的腰部，让笼球做前后左右转动，这时，应注意孩子的头部位置，如果孩子的头部不能很好地稳定摆在正中间，容易左倾或右倾，便会导致身体往同一方向滑，从大笼球上落下来，这表明孩子的前庭平衡发展不足。因此，大笼球可以测试孩子的前庭平衡能力和重力感。

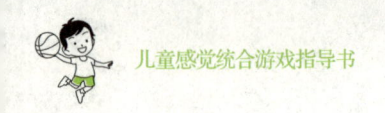

●▶ "滑板"是测定孩子感统失调的重要教具

任何家长，都希望自己的孩子能健康快乐地成长，而近几年来，随着家长对感觉统合这一问题的逐渐认识，不少家长开始将感觉统合训练运用到家庭教育中。不过，依然有不少家长都不确定自己的孩子是否存在感统失调，其主要原因就是不了解如何测定和判断。其实，作为家长，如果你没有掌握很系统的关于感觉统合的理论知识和实践经验的话，你可以用一个日常生活中孩子经常玩耍的玩具来判断孩子是否存在感统失调，这个东西就是"滑板"。

滑板是公认的感觉统合训练中最具效果的教具之一。但要注意的是，感觉统合训练中用的滑板与常见的滑板有一些不同。它的板面有长方形、正方形、三角形、圆形和椭圆形等。小滑板的尺寸一般为30厘米×40厘米，大滑板的尺寸一般为50厘米×60厘米。

玩滑板可以让孩子训练前庭觉、本体觉、视觉等，让孩子趴在滑板上爬行更能对前庭产生刺激，还会产生俯卧时的重力感以及在行进中肌肉、关节移动所产生的紧张感；身体与滑板之间产生触压感觉，以及手部皮肤肌肉与地面接触时产生触觉；爬姿活动时，对前庭平衡器官产生特别的刺激，颈背肌肉强烈收缩产生本体觉信息，这些刺激将直接作用于动眼神经的内侧从束（主管眼球运动的眼部神经组织），对眼球运动的稳定性有极佳的作用，有助于良好自我视觉空间的形成。

感觉统合失调的儿童在操作滑板时，经常会出现以下几种异常现象。

1.无法准确控制方向

我们可以用积木或木板"搭建"一个通道，然后让孩子站在滑板上，让孩子凭视觉感觉来判断通道的形态，然后从通道中滑行过去，而对于感统能力失调的孩子，因为无法判断自己在滑板上的位置，则无法顺利完成这一游戏。

2.滑行时常常从滑板上掉下来

儿童使用滑板时，力量的重心在腹部，颈部用力上提，使腹部挺起来，这样滑行起来比较轻松、容易。正常的儿童只要多练习几次，就能找到窍门，甚至也能摸索出各种姿势进行滑行。但感觉统合失调的儿童通常腹部无力，导致胸部抬不起来。一旦开始滑动，腹部就会离开小滑板，带动着整个身体由滑板上翻落。这反映出儿童的运动计划能力较差。

3.双手灵活性差

我们以滑板游戏为例，儿童在这种游戏中，需要借助双手的力量来完成，比如，在仰滑时，儿童手部必须紧紧抓住绳索，用手腕和手臂的伸缩力量滑动，这时儿童的肩部必须保持平衡，否则手腕伸缩时身体就会随之歪斜；在卧滑时，儿童双手同时着地，并收缩手臂力量，带动整个身体和滑板的重量进行滑行。感觉统合失调的儿童在做滑板游戏时，双手灵活度明显不高，不能很好地操纵滑板，显得很笨拙。

4.平衡能力差，不敢坐在滑板上面

让儿童以俯卧或仰躺的姿态趴在或躺在滑板上，头部抬高，用两只手滑动。颈部张力比较好的孩子颈部可以挺高，用腹部做重心，双手向前后、左右等各方向变化滑行都很顺利。但颈部张力不足、前庭平衡发展不

良的孩子，头部很难抬高，做这种动作便有明显的困难。也有的孩子在滑行时非常不安，滑板较难保持稳定，甚至因此不敢再到滑板上面去。这类儿童的平衡能力常有问题。

5. 滑行时力量不足

我们可以引导孩子学青蛙的动作趴在滑板上，然后用双脚掌蹬墙，蹬出去的力量会特别大。这种运动能锻炼孩子的肌肉和关节直接的力量，而感统能力失调的孩子则无法完成，动作也做得不规范，因此无法产生足够的反弹力带动身体滑行，不能有效地完成这一系列动作。

6. 头和脚无法同时上举

让儿童仰躺在滑板上，以背部为支撑点，然后使颈、手、脚向上，在上方放一条绳索，让儿童可以手脚同时够到，以仰身的姿势向前。

对于感统失调的儿童来说，颈部力量不足，无法支撑住头部，很容易从滑板上滑落。手和脚之间也缺乏灵活性，协调能力很差。这显示出儿童肌肉张力的不足，大肌肉发育不良，会导致站立、走路、坐正的姿势不正常，也容易产生焦虑、紧张的心理，缺乏自信心。

根据以上几点，相信我们的家长能懂得如何运用滑板来判断孩子是否存在感统失调的问题了。其实，在儿童中，感统失调的情况很普遍，并且，很多父母也开始关注孩子的这一问题，如果您的孩子有感统失调的情况，应当及时进行干预和纠正，必要时应寻求专业人士的帮助，避免造成更严重的后果。

●▶ 测一测你的孩子智力如何

在生活中，我们经常提到孩子的智力问题，也就是智商，所谓智商，就是智力商数。智力通常叫智慧，也叫智能，是人们认识客观事物并运用知识解决实际问题的能力。那么，我们如何了解孩子的智商呢？我们采用的是美国心理学家韦克斯勒编制的智力量表。通过心理测量可了解孩子的智力水平、潜能所在。

智商测验包括十一个项目，具体测验内容如下。

1.积木图案

要求被试者用4块或9块积木，按照图案卡片来照样排列积木。每块积木两面为红色，两面为白色，另两面为红白各半。积木图案测验用来测量视知觉和分析能力、空间定向能力及视觉-运动综合协调能力，它与操作量表的总分和整个测验的总分的相关均很高，因此被认为是最好的操作测验。该测验效度很高，在临床上能帮助诊断知觉障碍、分心、老年衰退等症状，比较而言，该测验受文化影响较少。缺点是手指技巧有时可能会提高分数。

2.算术

被试在解答测题时，不能使用笔和纸，而只能用心算来解答。算术测验主要测量最基本的数理知识以及数学思维能力。该测验能够较快地测量

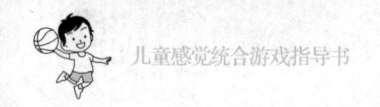

被试运用数字的技巧，缺点是容易产生焦虑和紧张，且易受性别影响。

3.图画补缺

要求被试在规定的20秒钟内，指出图片上缺少了什么。该测验用来测量视觉敏锐性、记忆和细节注意能力。韦克斯勒认为，人们在心理发展过程中会对所接触的日常事物形成完整的印象，这对于人们适应外界环境是十分重要的。

4.常识

测题的内容很广，例如"谁发现了美洲？""某个国家的首都在什么地方？"韦克斯勒认为，人们在日常社会生活中接触到常识的机会应基本相同，但由于智力水平不同，每人所掌握的知识就有所不同。智力越高，兴趣越广泛，好奇心越强，所获得的知识就越多。常识也可以反映长时记忆的状况。常识还与早期疾病有关，自幼患病，会减少人们同外界接触的机会，获得的常识就较少。有情绪问题的被试，常表现出对常识分量的夸大和贬误，因而常识测验具有临床的意义。常识测验能够测量智力的一般因素，容易与被试建立合作关系，不易引起被试的紧张和厌恶，通常将此测验安排为第一分测验。常识测验的缺点是容易受文化背景和被试熟悉程度的影响。

5.数字广度

主试读出一个2~9位的随机数字，要求被试顺背或倒背，两者分别进行。顺背从3位数字至9位数字，倒背从2位数字到8位数字。总分为顺背和倒背两者的加和。该测验主要测量瞬时记忆能力，但分数也受到注意广度和理解能力的影响。韦克斯勒认为，数字广度测验对智力较低者可以测其智力，而对智力较高者实际测量的是注意力，智力高者在该测验上得分不一定会高。数字广度测验能够较快地测验记忆力和注意力，不会引起被试较强的情绪反应，也不太受文化教育程度的影响，且简便易行。但其可靠性较低，测验受偶然因素的影响较大，对智力的一般因素负荷不是很高。

6.图片排列

在每道题中，主试会呈现一套次序打乱了的图片，要求被试按照图片内容的事件顺序，把图片重新排列起来，使它们成为一个有意义的故事，该测验用来测量被试的广泛的分析综合能力、观察因果关系的能力、社会计划性、预期力和幽默感等。它测量智力一般因素的程度属中等。被试对测验有兴趣，可用于各种文化背景的人士，在临床上还具有投射测验的作用，但易受视觉敏锐性的影响。

7.词汇

每个词汇写在一张词汇卡片上。通过视觉或听觉逐一呈现词汇，要求被试解释每个词汇的一般意义。例如，"美丽"是什么意思？"公主"是什么意思？

词汇知识和其他与一般智力有关的能力，在临床上也有很大作用。韦克斯勒认为，生活在同一文化环境中的人基本上共同地接受这种文化。年龄大的人所接受的文化相对多一些；同年龄者中，智力较高者相对接受的较多；经历丰富，受教育程度高的人，接受的也多些。该测验与抽象概括能力也有关。研究表明，该测验是测量一般智力因素的最佳测验，可靠性也较高。缺点是评分较难，测试时间较长，受文化背景及教育程度影响较大，有些人仅凭记忆力好也能得到高分。

8.物体拼配

把每套零散的图形拼板呈现给被试，要求他拼配成一个完整的物件。物体拼配测验主要测量思维能力、工作习惯、注意力、持久力和视觉综合能力。该测验与其他测验的相关相对较低，但在临床上可以测出被试的知觉类

型及其对尝试错误方法的依赖程度。该测验任务单纯，但可靠性较低，施测时间较长。

9.理解

主试把每个问题呈现给被试，要求他说明每种情境。例如，"如果你在路上拾到一封贴上邮票、写有地址但尚未寄出的信，你应该怎么办？"理解测验主要测量实际知识、社会适应能力和组织信息的能力，能反映被试对于社会价值观念、风俗、伦理道德是否理解和适应，在临床上能够鉴别脑器质性障碍的患者。该测验对智力的一般因素的负荷较大，与常识测验相比，受文化教育的影响较小。缺点是评分标准难以统一掌握。

10.数字符号

要求被试在规定时限内，依据规定的数字符号关系，在数字下部填入相应的符号。该测验主要测量注意力、简单感觉运动的持久力、建立新联系的能力和速度。该测验评分快速，不太受文化背景的影响。缺点是不能很好地测量智力的一般因素。

11.类同

要求被试概括成对词义相似的地方在哪里。例如，"桌子和椅子在什么地方相似？""树和狗在什么地方相似？"该测验主要测量逻辑思维能力、抽象思维能力、分析能力和概括能力。类同测验简便易行，评分不太困难。在临床上有鉴别脑器质性损害和精神分裂症方面的意义。

第03章
儿童前庭觉训练游戏

在人类大脑后下方脑干的前面,有个微小的雷达式感统器官,叫作前庭神经核,以此组成的神经网络,就是前庭觉。前庭觉是人类感觉统合三大感觉系统之一(其余两个是触觉和本体觉),在常见的感统失调中,前庭失调是最容易被我们忽视,但却也是对孩子影响最深远的。所以,作为家长,一定要学会观察孩子的日常行为表现,一旦发现孩子存在前庭觉失调,一定要运用游戏加以干预,帮助孩子获得前庭功能的改善。

●▶ 被动爬行：训练宝宝各个部位的肌肉

对于成长期的孩子来说，前庭觉掌管人的平衡感，能避免孩子在行走时跌倒，并进行自我保护。前庭觉的平衡与日常生活息息相关，从行站坐卧、吃饭洗澡、搭车骑车到读书写字，都依赖前庭觉的协调。

前庭系统是极为敏感的，位置或动作的任何改变都对大脑有很大影响。这种影响始于胎儿早期，在怀孕的第十或十一周便开始发挥功能。5个月左右的胎儿，前庭系统已经发展得很好。可以说，在整个怀孕期间，母亲均以她身体的运动来刺激胎儿的前庭系统。

由此可见，前庭训练是十分重要的。前庭觉在胎儿时期已开始快速发

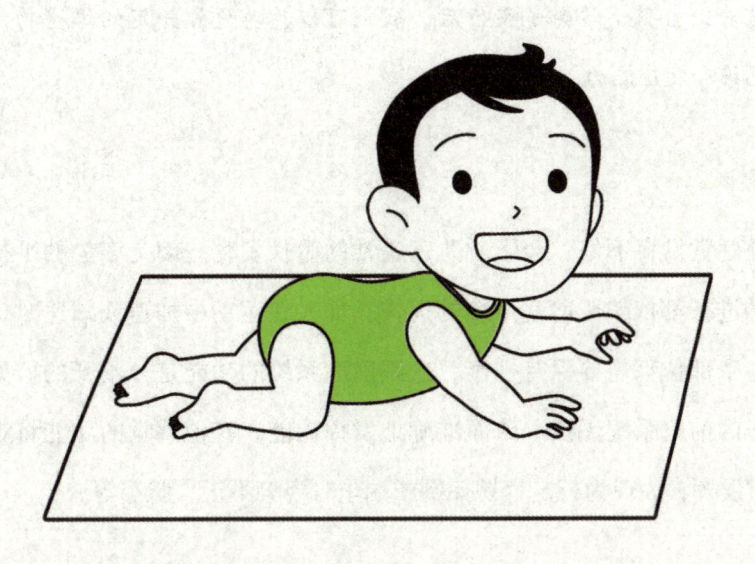

展，越早给予孩子的前庭觉适当刺激，对孩子的平衡感、反应速度及动作敏捷、情绪稳定越有益。帮助孩子做前庭觉的训练，可以从游戏开始，其中，被动爬行这一游戏就是从训练宝宝各个部位的肌肉开始改善宝宝的前庭功能。

游戏准备

这一游戏更适用于3~9个月的孩子，在游戏中，无论是孩子的头、颈、背部还是四肢肌肉，都能得到训练。这一游戏需要1~2分钟。

操作方法

父母可以把孩子放到地毯或者爬行垫上，然后抱着孩子的腰腹部，让孩子向前蹬腿或者爬行，因为这一阶段的孩子年龄尚小，不足以支撑自己的身体，因而爬行的动作需要在我们的协助下完成。

不过，我们需要注意的是，一开始孩子训练的时间不可过长，随着孩子年龄的增长，可以适当延长爬行的时间。

另外，当孩子学会了爬行后，我们可以为其设置一定的障碍物，锻炼他的思维和反应能力。

训练指南

前庭觉发育不好，会影响儿童正常的生长发育。因为姿势的平衡以及运动的进行都依赖于前庭系统的运作。如人在运动中加速或减速时，头部以及各个部位都需要保持平衡，这跟前庭系统的功能是分不开的。如果一个孩子的前庭系统无法一致而准确地发挥功能，其他感觉的功能将难以得到正常发挥，表现为行走容易摔倒或端坐时姿势不正、胆小等。

跷跷板：锻炼孩子肢体的灵活性

7个月以后，宝宝就开始有了一定的大动作和精细动作的能力，很喜欢做重复的动作，这正是宝宝在头脑里思考，在头脑中产生概念，明白自己和物的关系的时期，从此宝宝的小手变得勤快，这时，妈妈就要对宝宝进行肢体能力的训练了，也可以做一些游戏，其中，"跷跷板"这一游戏可以锻炼宝宝的大动作技能。

游戏准备

毛毯或者毛巾一条，一根长约1.5米、直径约15~20厘米的木棍或者木板，软垫一个，木凳一张。

游戏时间：每周可进行2~3次，每次约10分钟。

操作方法

游戏开始前，大人要用毛巾（毛毯）将木棍（木板）一端包好，拿来木凳作为中心支撑点，把木棍或木板放在木凳上。在木棍（木板）包好的一端下面的地板上铺上软垫。让孩子坐在包好的一端，双手抱紧木棍（木板）。家长手握住另一端，以木凳为支撑点，模仿玩跷跷板的样子，上下压动。

这一游戏适用于12个月至3岁的孩子，能锻炼孩子肢体的灵活性，促进手脚协调能力的发展。

不过，在游戏的过程中，我们家长要在旁边保护好孩子。鼓励孩子做不同的尝试，如可将木棍或木板压平，让孩子在空中做划船状，并让孩子逐渐把手松开或举起等。

训练指南

任何一个宝宝，从出生开始，再到独立行走，都需要一个过程，假如宝宝想爬，我们家长一定不要嫌脏而出面阻止，孩子从躺、趴、坐进化到爬行，是一个质的改变。用手和膝盖向前爬行的方式能让宝宝的四肢肌肉组织得到锻炼，这能使宝宝以后身体的协调性、平衡性得到增强，为日后的站立、独立行走起到很大的协助作用。

● ▶ 灌篮高手：锻炼孩子的四肢肌肉和手眼协调能力

手眼协调能力是手指的分化能力和视觉器官的相互统合能力。手眼协调的生理结构是存在于个体机体内的一定功能性联系的肌肉群及相关关节组合成适应特定任务的单元。个体的机体状态与外界环境和相关任务三者的交互作用决定了某项动作达到的最佳协调模式。手眼协调主要是指大脑指挥视觉信息的接收和手部小肌肉群的控制能力的协调。

手部精细动作的健全发展，可以使宝宝认识事物的各种属性及彼此间的联系，促进其知觉完整性与具体思维的发展，并且为宝宝以后吃饭、握笔写字、使用工具等行为打下基础。

游戏准备

这一游戏适用于4~10岁的孩子，能达到锻炼孩子的四肢肌肉和手眼协调能力，矫正前庭觉失调的目的。

这一游戏可以每周进行2~3次，每次10~20分钟。

操作方法

准备一个篮球，根据孩子的身高和弹跳能力，在高处挂一个篮筐，让孩子往高处投球，直到能将球准确地投进去。

此处，篮筐高度可以根据孩子的实际情况来调节。

游戏过程中，家长应积极鼓励孩子，让孩子有信心坚持下去，也可以和孩子一起玩，增加游戏的乐趣。

训练指南

想提高宝宝的手眼协调能力，还可训练宝宝有意识地拿起和放下，宝宝开始拿玩具时可能会扔掉或撒手，但并不是有意识地放下，大人可在宝宝拿起玩具如积木时用语言指导他放下，或给某人，放在某处，如"把积木放到杯子里""把球给妈妈"，训练宝宝有意识地拿起放下。每次成功后大人都要及时给予鼓励，激发他自己动手的兴趣和信心。

运送乒乓球：训练宝宝手部控制能力和平衡能力

幼儿到了1岁左右，其实就可以自己吃饭了，不过生活中，一些家长因为怕孩子捣乱，会一边将其双手紧束，一边一勺一勺地喂他。这对宝宝生活能力的培养和自尊心的建立有极大的危害，宝宝常常报以反抗或拒食。其实，妈妈们可以先从一些小游戏开始，比如"舀东西"的游戏，就能锻炼孩子的手部活动能力，让他们学会用勺子，同时也激发他们自己吃饭的兴趣，另外，当宝宝自己吃饭时，要及时给予表扬，即使他把饭吃得乱七八糟，还是应当鼓励他。如果妈妈确实担心宝宝把饭吃得满地都是，可以在宝宝坐着的椅子下铺几张报纸，这样一来等他吃完饭后，只要收拾一下弄脏了的报纸就行了。

游戏准备

这游戏适合适合年龄2~3岁。家长需要准备大汤勺一个，盒子两个，两种颜色的乒乓球各10个。将装有不同颜色球的两个盒子，分别放在相距3~4m的地板两侧。这一游戏需要持续10分钟。

操作方法

让孩子从一个纸盒中取出一种颜色的乒乓球，放在汤勺中，运送到另

一个纸盒中,再取出另一种颜色的乒乓球运回来,来回运送。

家长要注意指导孩子动作的规范性和控制孩子的速度。

另外,也可用不同球拍来回运球,确保球不掉下来的同时,加快速度,来回运送,练习10分钟为宜。

训练指南

1岁左右,宝宝就开始喜欢跟成人在一起上桌吃饭,家长不能因为怕他"捣乱"而剥夺了他的权利,可以用一个小碟子盛上适合他吃的各种饭菜,让他尽情地用手或用勺子喂自己,即使吃得一塌糊涂也无所谓。其实,宝宝在自己动手的过程中,慢慢就能学会吃饭技巧。

如果宝宝总喜欢抢勺子的话,妈妈可以准备两把勺子,一把给宝宝,另一把自己拿着,让他既可以练习用勺子,也不耽误把他喂饱。另外,可以给宝宝做一些能够用手拿着吃的东西或一些切成条或片的蔬菜,以便他能够感受到自己吃饭是怎么回事,如土豆、红薯、胡萝卜、豆角等,还可以准备香蕉、梨、苹果和西瓜(把籽去掉)、熟米饭、软的烤面包等。

● ▶ 前滚翻：训练身体的协调和平衡能力

人的前庭功能概括地讲包括三个方面：第一是感受人体在三维空间的位置，包括前后、左右和旋转运动，即使闭眼也可以感受到；其次，前庭系统正常可保持清晰的视野，当头转动时，通过前庭眼球反射运动，黄斑部对准物像，产生清楚的视觉；最后，前庭系统能维持人体正确的姿势，维持平衡而不使其跌倒。

前庭神经系统最重要的功能之一就是维持平衡，我们在行、跑、跳等运动中，能保持身体的协调而不至于摔倒，并且能在遇障碍物时顺迅速给出反应，这就是前庭的作用。

在家庭教育中，父母通过帮助孩子练习前滚翻、侧滚翻的动作，能提升孩子的平衡、协调和身体的控制能力，锻炼前庭觉、本体感。翻滚会促进孩子身体双侧灵活协调，翻滚时，孩子的头、眼、四肢、身体要相互协助做出一系列动作，能锻炼前庭和小脑的平衡功能。翻滚动作还涉及孩子运动技能的学习和独立活动能力的发展，有助于孩子自信心的建立。

游戏准备

这游戏适合适合4~6岁的孩子。妈妈需要准备一个柔软的垫子或者瑜伽垫，将垫子放在周围无障碍物的地板上。

游戏时间：10分钟。

操作方法

让孩子模仿家长做前滚翻（双手撑地做好保护），学会以后，先做1~2次，等孩子熟练了以后再连续做5次，反复练习。

需要注意的是，让孩子做游戏前，家长要先给孩子做示范，指导孩子动作要领，要注意使孩子保持身体成直线，注意安全并给予鼓励。

另外，在前滚翻熟练的基础上做后滚翻，并前后混合练习，也可以前后交替练习，练习10分钟。

训练指南

在游戏中，各位家长需要注意的是针对前庭觉的刺激，一定要视孩子的具体情况而定，因为过低的前庭刺激可能毫无效果，而过高的前庭刺激则又有可能适得其反，甚至引发孩子的不适反应（如呕吐）。所以，如果你的感统知识还不够专业，无法准确判断出孩子的发展层次，一定不要盲目在家给孩子训练，尤其不要过度训练。

荡秋千：帮助宝宝强化固有平衡，训练前庭功能

前庭功能差的宝宝的典型表现就是平衡感差、运动不协调，无法单脚站立，或者一单脚站立就容摔倒，另外，在一些运动，比如跳高、跳远、骑自行车等活动时，会表现得动作不协调、笨拙。要训练和改善宝宝的前庭功能，有一个非常有效的游戏——荡秋千。

荡秋千是小朋友们非常喜欢的游戏，而荡秋千时，要求孩子控制好身体，以保持一定的姿势，在孩子荡秋千的过程中，可以使孩子的前庭系统对信息的整理更趋完整，也更能促进孩子平衡神经系统的健全，反复

多次的荡秋千可以强化固有平衡，使双侧肌肉协调发育，荡秋千是训练前庭觉比较好的方式。

荡秋千除了可以训练孩子的前庭觉以外，还可以训练孩子的触觉以及视觉，比如，当大人在后面推的时候，孩子既能感受到来自后方的触觉力量，又会专注于前方的情况，为了不使自己落地，孩子也需要集中注意力。

游戏准备

秋千架，为了宝宝安全，父母应在一旁监督。

操作方法

宝宝坐在秋千上，双脚支撑，在秋千运动到最低点时迅速站起，然后慢慢下蹲，当秋千荡到最高点时，再猛然站起，过了最高点后再慢慢下蹲，到了最低点时再猛地站起，重复上面的动作，就能使秋千越荡越高。

训练指南

在玩荡秋千的游戏时，家长们一定要注意孩子的安全，视线千万不可离开孩子，秋千毕竟不是一般的毛绒玩具，也不是橡皮泥，秋千是活动的，只要稍有不慎，孩子就有可能跌落或者被撞伤，如果父母盯着的话，能够立刻解救孩子，如果孩子玩秋千的方式不正确，父母也能够及时地纠正孩子，那么自然能够避免更多危险发生。

其次，在荡秋千的时候，要告诉孩子，双手要抓牢两侧绳索，切勿架在秋千上。一些孩子可能觉得自己对荡秋千实在太熟悉了，所以想玩出一点"新花样"，比如懒得再用手紧紧抓牢两侧的绳索，会将双手腾空，整个人"架在"秋千上,这样真的特别危险,稍微不注意就会栽倒在地,或者卷进秋千下面造成受伤。所以说,家长要时时刻刻提醒孩子,双手一定要抓紧两侧绳索,千万不要粗心大意。

另外,如果是孩子和其他孩子一起玩,一定不要让孩子在秋千旁嬉戏,一旦发生碰撞,可能会导致孩子腿部以及胳膊骨折。

独脚凳：训练宝宝时身体的控制能力

我们人类的很多动作能力，比如追、赶、跑、跳、蹦等都依赖于我们的前庭系统功能，前庭神经系统的功能，包括以下5种：保持平衡，维持姿势发展出身体两侧协调的动作能力，让眼球能清楚对焦，判断位置和空间，影响大脑的警醒度。溜轮滑、滑滑板、骑单车等，都是前庭神经系统成熟运作的成果。前庭功能差的孩子，平衡能力差，无法长时间维持一个姿势，为了改善这一点，我们父母可以用独脚凳来训练宝宝对身体的控制能力。

游戏准备

这一游戏适合年龄3~6岁的孩子。家长需要准备一个独脚凳，然后将独脚凳放在平稳的地板上。

操作方法

孩子坐在独角凳上，双手放在腿上，腰要挺直，身体保持平衡，让孩子数数或唱儿歌，坚持坐着。

这一游戏一般持续5分钟左右。需要注意的是，开始时，家长可以帮助孩子保持平衡，待孩子坐稳后，鼓励孩子坚持，多数数。

另外，家长可以坐在孩子对面与孩子玩传球游戏，也可以让孩子把右手举起来，右脚向上踢到手心，然后再换左手左脚，反复练习10分钟。

训练指南

在日常生活中，我们不能轻视孩子的前庭觉训练，前庭觉功能的成熟与否，直接关乎大脑功能的成熟与否。想要让大脑能够正确处理来自身体各部位的感觉信息，同时指挥身体做出适当反应，前庭觉的功能就必须正常且成熟，能够筛选有用信息，屏蔽无用信息，否则一旦前庭功能失常，很容易造成大脑得到的感觉信息不正确，进而输出的动作指令也不正确。

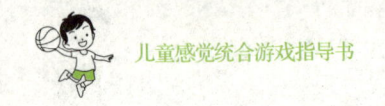

●▶ 旋转木马：前庭训练最好的游戏之一

　　旋转木马是儿童游乐设备中重要的一项。五颜六色的外观和卡通形象的设计，能帮助儿童对色彩和美好事物进行认知，能培养儿童的审美观。旋转木马大多根据儿童喜欢钻、爬、滑、滚、晃、荡、跳、摇等天性设计，对儿童身体素质的锻炼非常有好处。而多个儿童一起玩耍可培养儿童的交往能力和协作能力。

　　玩旋转木马是有益于孩子前庭系统的训练。前庭训练是平衡的一个非常重要的内容。旋转的、摇动的、速度的运动方式都需要前庭系统的参

与。因此，秋千、组合滑梯、旋转木马、海盗船等都能用于前庭系统的训练。同时，对促进孩子的本体感觉的发育也非常重要，通过一些有难度的挑战，孩子对自己肢体的掌握更自如。运动的协调性和灵活性跟本体感觉的作用是分不开的，最重要的是可以促进智力发育训练。

游戏准备

父母陪同宝宝玩耍，防止宝宝摔伤。

操作方法

父母让宝宝坐在旋转木马上，让木马上下移动。

训练指南

对于一些前庭失调并不太严重的孩子，家长在生活中可以多给他一些有益于前庭觉发展的针对性刺激，或者在孩子接受正规专业感统训练的同时，配合一定量有益于前庭觉发展的活动或运动，都是非常不错的选择。除了旋转木马外，还有一些适合在家庭当中或户外公共场合进行的运动或游戏，比如：

摇晃运动：荡秋千，俯趴大龙球前后左右摇晃，父母在床上抬起孩子摇晃；

旋转运动：转转椅等；

跳跃性运动：蹦床，跳球，在有弹性的床上跳等；

平衡运动：踩平衡板，走平衡木等；

要求一定姿势的运动：骑脚踏车，爬行，三级跳等；

能带来速度感、距离感、位移感变化的运动：青蛙蹬，对墙抛接球等。

●▶ 跳、跳、跳——强化宝宝的前庭刺激

重力,也就是地心引力,对人类的影响最大,人类的翻、爬、坐、站、跑等学习,无一不和重力感有关,掌握重力感的便是前庭网膜。前庭网膜可掌握身体的操作,可协调平衡感、方向感、距离感。因此,前庭网膜的协调以及掌握功能不足,所有的重力感、平衡感都会因而失常。"跳、跳、跳"这一常见训练游戏便能刺激宝宝的前庭功能,帮助宝宝协调前庭网膜。

游戏准备

这游戏适合年龄3~6岁的宝宝。妈妈需要准备一块孩子不容易摔伤的场地,可以是垫子、草地,也可以是橡胶地等,另外需要准备一个布袋,长度要到胸口位置。游戏准备时,要确保场地安全,且没有障碍物。

操作方法

让孩子自己从下到上将自己套入袋子中,双手提起袋子边,双脚同时向前跳,在

确保平稳的情况下，跳 Z 形线，曲折前进。

这一游戏中，家长需要告诉孩子，必须在已经站稳的情况下才能跳，开始起步不要太大，速度不要太快。

另外，待孩子熟练后，可以增大跳的难度，如设置跳的距离，每次跳 0.5m 等；或设些障碍物，让孩子绕过障碍跳，每次 10 分钟。

训练指南

前庭始终在指引着我们的头和方向，所以我们的视觉信息才有了意义，而那些前庭觉失调的孩子，其视线很难跟随着移动的目标移动，其眼肌和颈肌上的信息反应处理也会存在障碍，导致眼球的移动不平稳，常会以跳动方式去抓住新目标，造成孩子在阅读、玩球和划线上的困难。

此外，前庭神经会将信息径由脊髓椎体神经体系，传达到身体各部分，通知肌肉进行收缩和运动。同时也会将这种肌肉和关节的信息传到前庭神经核及小脑。如果这方面功能不佳，便无法达成感觉的统合，小孩子会常常走路跌倒或者撞到墙，而在动作上也会显得笨手笨脚，甚至害怕做出动作，因为视觉信息严重不足，导致身体的协调性差，这对于孩子的学习和生活都会产生严重的不良影响。"跳、跳、跳"这一游戏不仅能协调宝宝的前庭网膜，还能训练宝宝的平衡能力。

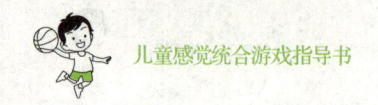

一起跳舞：让孩子感觉身体舞动的节奏

当宝宝2岁以后，就能站立起来手舞足蹈了，此时，让宝宝学习和家长一起跳舞，能促进幼儿骨骼发育、提高孩子们的生理素质及身体素质。

宝宝由于其年龄特点，骨骼、肌肉及肌腱较嫩，可塑性强。从幼儿时期开始学习舞蹈，可以矫正感觉统合中的前庭觉问题，比如平衡性、身体的灵活度等，另外，舞蹈是一种用动作表达情感的艺术活动，笔者在舞蹈教育中着眼于让幼儿学习用动作表现情景。我们应尽可能为幼儿创造展现自己才能的机会。孩子得到的肯定多了，无疑更益于孩子建立起自信心，形成活泼大方开朗的性格。

游戏准备

适合2~4岁。

操作方法

这个游戏需要大人小孩合作一起完成。让孩子站在大人的脚上，抓住他的手，然后两个人慢慢地一起跳舞，并且旋转。

这个游戏可以让孩子感觉到你的身体和舞动的节奏，努力保持平衡，并踏准节拍。

训练指南

　　这一游戏适合年龄2岁以后稍、会走会跳的大龄宝宝，这些宝宝喜欢练习大肌肉的技巧，学习手眼合作完善，同时在这一时期食量大增，非常好动，针对这些宝宝的这一身体发展特点，我们可以引导孩子做一些有强度的游戏，其中就有"一起跳舞"的游戏，这一游戏不但能调节宝宝身体的平衡性和灵活性，也能增进亲子关系，是家庭教育中父母和孩子都喜欢的一款游戏。

第04章
儿童本体觉训练游戏

本体感觉系统几乎与皮肤感觉系统一样庞大，它的感觉器官是一些藏在肌肉、肌腱、关节里的本体感受器。因为有了本体感觉的存在，人类才能在不去看自己的脚时，也能顺利地走路；不去看自己的坐姿时，也能保持适宜的姿态。这就是本体感觉的作用。本体感觉本身就是一种能力，一种高度复杂化的神经应变能力。从简单的吃饭脱衣服、写字、骑车到高难度的体操体能动作都需要本体感觉的功能。那么，在家庭教育中，如何训练和强化孩子的本体感觉呢？接下来，我们来看看本章的内容。

过山洞：健全孩子的本体感觉

日常生活中，作为成人，我们不用看阶梯也能轻易上下楼梯；不用照镜子也能用手摸到眉毛或鼻子；开车时不用看就可以随时踩换油门和刹车；打蚊子时不用眼睛看便可准确打到……这就是本体感觉的作用。

本体觉的主要功能之一是动作计划，那么，什么是动作计划？比如说我们要跨过一条河，在跨过去之初我们就能合计出我们要先迈左脚还是右脚，用多大力气等，这就是动作计划能力。如果动作计划能力受限，那结果可能就是掉进水里。训练孩子的本体觉有很多方法，其中就有过山洞这一游戏。

游戏准备

大人准备两个一样的凳子，然后用一块木板搭在两个凳子中间，可以对木板高度进行多次变换。

操作方法

（1）让孩子俯卧或仰躺着，慢慢地钻过木板。

（2）调整木板高度，让孩子躺在小滑板上，慢慢地从木板下面滑行过去。

（3）孩子在钻过木板的时候携带一些小东西，比如他的文具、小玩具等。

这一训练能强化身体灵活度、丰富运动计划能力、健全本体感觉。适用于容易撞墙摔倒、行动笨拙、身体协调性差的孩子。

训练指南

本体感觉是指肌、腱、关节等运动器官本身在不同状态（运动或静止）时产生的感觉（例如，人在闭眼时能感知身体各部的位置）。因位置较深，又称深部感觉。此外，在本体感觉传导通路中，还传导皮肤的精细触觉（如辨别两点距离和物体的纹理粗细等）。本体感不是天生具备，需要后天的训练。例如，婴儿期的翻身、滚翻、爬行训练，幼儿期的拍球、滑梯、平衡等训练，儿童期的跳绳、踢毽子、游泳、打羽毛球等训练，对孩子本体感的发育都是非常重要的。

●▶ 鱼儿游泳：强化宝宝对外界环境的反应能力

注意力是指人的心理活动指向和集中于某种事物的能力。而孩子的注意力主要就是指孩子专心做事、专心想事的能力。对于很多孩子来讲，他们要进入学校学习，注意力就代表孩子能够集中注意力完成学业的能力。注意力是几乎每个人都应该具备的基本能力，而家长更应该从孩子小的时候就进行培养，因为每一个人都需要一定的专注能力，才能够更好地、更高效率地做一件事情。如果孩子一直无法做到注意力集中，很可能是孩子本体功能不好，这会给孩子带来很多的危害，但无论如何，我们父母都要引起重视，尽早干预，以帮助孩子尽快调整。"鱼儿游泳"这一游戏能刺激孩子的视线，让孩子们在玩游戏的时候训练观察力和专注力。

游戏准备

一条毛巾或者薄的毯子。

操作方法

大人拿出一条毛巾或者薄的毯子，让孩子躺在地板或垫子上，然后大人用手抓住其中一端，在孩子正上方用力甩出波浪形状。

这样，孩子的视线会得到刺激，身体也会因为带动起来的风获得触觉

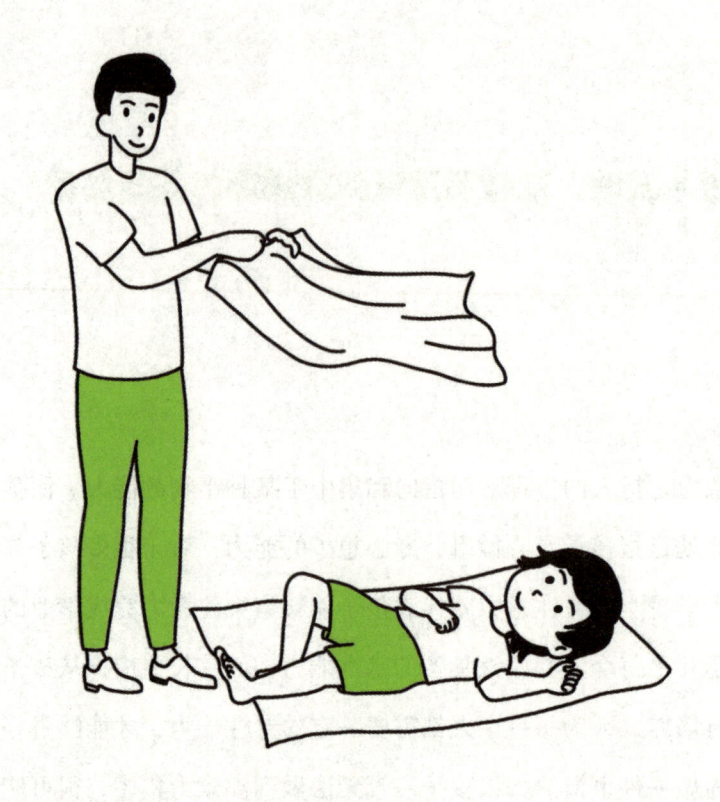

体验，促进筋骨反应，强化本体感觉。

在训练时，也可以让孩子抱着毛线玩具，这样能强化孩子的触觉体验和肌肉反应。

训练指南

"鱼儿游泳"的游戏能强化孩子对外界环境的反应能力，适用于身体反应迟钝、本体感觉不足的孩子。当然，如果你的孩子情况严重，你也可以带孩子去专业的感统训练机构进行感统方面的强化训练，因为感统训练对孩子的成长是只有好处没有坏处的。

练表情：加强孩子面部本体感觉

本体觉功能不好的孩子，因为控制小肌肉和手-脑协调的脑神经与控制舌头、嘴唇肌肉、呼吸和声带的神经是相同的，所以，大脑对舌头、嘴唇、声带的控制也不灵活，容易造成语言障碍，如语言发育迟缓、发音不清、大舌头、口吃、面部表情不灵活等。因此，家长带领孩子做练习表情的游戏，能训练孩子的反应能力和面部本体感觉。

游戏准备

这一游戏适合年龄1~3岁的孩子，另外，需要准备一面镜子。

操作方法

工具摆放：放在孩子正前方。

让孩子对着镜子看着自己，家长给孩子喊表情口令，比如笑、生气等，让孩子去做，让其能掌控自己的表情。

游戏时间：10分钟。

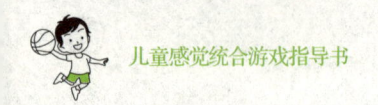

为了方便孩子更熟练地掌握游戏，家长可以先给孩子做示范，另外，也可以让孩子和家长比赛，由另一个人喊口令，孩子和家长一起做表情，看谁做得快或表情做得到位等，做10分钟。

训练指南

学生本体感不良会直接造成空间知觉能力不足，造成学生的数学计算、推理逻辑思维、空间想象等能力较弱，在动作行为方面表现为反应较慢、动作迟缓、口述不清、张冠李戴等。

空间知觉智能是身体运动智能和空间智能的结合，是一个人善于运用整个身体来表达自己的想法和感觉，运用双手和身体在空间运用五官解决问题、制造产品的能力。父母带领孩子做练习表情的游戏，不仅能训练孩子的身体和表情的灵活性，更能加深亲子关系。

拉火车：训练宝宝身体的操作能力和本体感

在人的智能结构中，幼儿的许多知识技能都是在操作活动中学会的，其思维也是在操作活动中逐渐发展的。因此，为孩子提供各种动手操作的机会，既满足了他们的动手兴趣，又是对幼儿进行智能训练的好机会。幼儿非常感兴趣的形式就是游戏。游戏是幼儿运用智慧的活动，在游戏中孩子的感知觉、注意、记忆、思维、想象都在积极活动着，孩子不断地解决游戏中面临的各种问题，这使孩子的思维活跃起来，促进孩子的注意力、记忆力、思维力、想象力的发展，同时也促进孩子感统能力的发展。拉火车就是训练宝宝身体的操作能力和本体感的游戏之一。

游戏准备

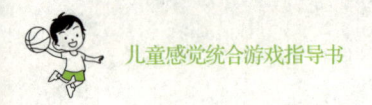

适合年龄2~4岁的宝宝,大小不同的空纸盒4~6个。

操作方法

工具摆放:把纸箱相对的两侧挖洞并放在地板上。

操作过程:让孩子牵着绳子的一端,拉着一串纸盒在地板上来回移动,并让孩子注意每个纸盒移动时的状态。

游戏时间:10分钟。

注意事项:要把纸箱放在平坦的地板上,并帮助孩子掌控拉动时的速度。

训练指南

这一游戏也可以进行拓展,家长可以在地板上设一些障碍,让孩子拉着纸盒小火车,在障碍中来回穿越,直到顺利地穿越障碍,反复练习10分钟。

找妈妈：训练孩子的反应能力和本体感

教育专家认为，本体觉失调可能会出现包括肌张力的过高或过低、协调能力的不足、身体形象认识的不到位等问题，所以说本体觉的失调直接影响了动作品质的好与不好。而这对于我们常见的大运动、精细游戏是不利的。如体操、踢球、手指游戏等，特别是在竞赛的规则下，训练儿童的肌肉张力，可以让儿童尝试"抓"或者"躲"。"找妈妈"这个游戏能让儿童主动进行手部肌肉的训练，加强孩子的本体感。

游戏准备

适合年龄：1~4岁。

操作方法

爸爸站在前面挡住妈妈，孩子站在爸爸的对面，然后开始去抓妈妈，爸爸要极力挡住妈妈，孩子要想办法抓到妈妈，直到最终孩子抓到妈妈为止，反复进行。

游戏时间：视具体情况而定。

注意事项：家长要事先和孩子讲好游戏规则，也要防止孩子摔倒。

训练指南

对于婴幼儿来说,他们最为依赖的人就是妈妈,如果妈妈参与到亲子游戏中,能激发孩子参加游戏的兴趣。在以上游戏中,也可让孩子和妈妈互换位置,让孩子从主动去抓,变为被动地躲,然后说出担任两种不同角色时的感觉,视具体情况定时间。

● ▶ 被动操：促进宝宝的大动作发展

很多家长都应该知道什么是本体觉，为此也有不少家长发现自己的孩子存在本体觉感统失调，但是不知道如何对孩子进行本体觉感统训练，对于这个问题，家长可以运用小游戏训练孩子，其中最被广泛应用到亲子教育中的就是"被动操"。

游戏准备

这一游戏是适合年龄0~6个月的宝宝。

操作方法

妈妈握住孩子的两手腕，数节拍4拍，从手腕向上4次按摩至肩部，然后从足踝向上4次按摩至大腿部；自胸部开始，按摩由里向外，由上向下按摩至腹部2轮，目的是让孩子身体放松，避免运动损伤。

孩子仰位，两臂放身体两侧，妈妈将双手拇指放在孩子掌心，其他四指轻握孩子的双腕，开始以下运动。

上肢运动：将两臂左右分开侧平举，掌心向前；两臂前伸，掌心相对；两臂上举，掌心向前；还原预备姿势。

扩胸运动：将两臂左右分开；两臂胸前交叉；两臂左右分开；还原。

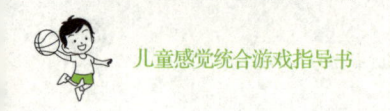

下肢运动：妈妈两手轻握孩子的脚踝部，将双脚抬起与床面呈45°，左腿屈至腹部（右腿同）；再将双脚抬起与床面呈45°；还原。

举腿运动：妈妈两手轻握孩子的脚踝部，左腿上举与躯干成直角；还原（右腿同）。

放松运动：拍捏孩子的四肢及全身。

游戏时间：每天做一遍全套操即可。

注意事项：把握好做操的力度，不能强行移动孩子的身体，以免伤及骨头。

延伸训练：可随月龄的增加，适当做主被动操，如蜷身运动，俯卧抬腿，拉手起坐，弯腰拾物，扶走运动，跳起运动等。

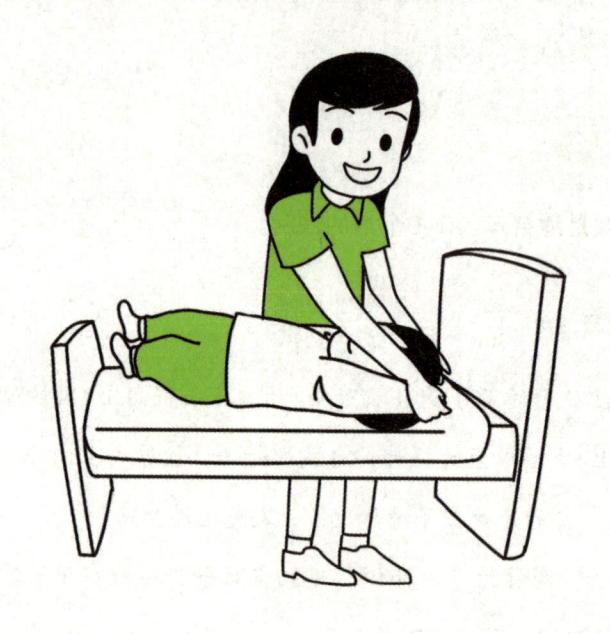

训练指南

家长在婴儿1个月后长期坚持每天和他做这样的被动操游戏，不但可以增强孩子的生理机能，提高孩子对外界自然环境的适应能力，促进孩子动作发展，使小儿的动作变得更加灵敏，肌肉更发达；同时也可促进孩子神经、心理的发展；长期坚持做，可使婴儿初步的、无意的、无秩序的动作，逐步形成和发展分化为有目的的协调动作，为思维能力奠定基础。（做操时可以播放适宜的音乐，让婴儿接触多维空间，促进左右大脑平衡发展，从而促进婴儿的智力发育。）

●▶ 升降机：加强宝宝的身体概念

本体感觉差的孩子，通常动作笨拙，四肢灵活性差。如写字不是用力过度划破纸张就是过轻，分辨线条困难，又如操作玩具因用力不当而损坏。身体概念差，常用眼睛去弥补，因此挫折感多，缺乏自信，消极退缩；自我形象差，情绪控制能力差，爱发脾气，服从执行者指令多，没有创造力。想要提升孩子的身体概念和身体灵活性，爸爸妈妈可以带孩子做"升降机"的游戏。

游戏准备

适合年龄：8个月到2岁。

操作方法

妈妈躺在沙发上或者垫上,然后弯曲腿部,让宝宝趴在弯曲的小腿上,妈妈的小腿上下左右移动,将腿部抬得高一点,可作为进阶动作。

游戏时间:5~10分钟。

注意事项:注意安全。

延伸训练:妈妈可以加快腿部移动的速度来训练宝宝。

训练指南

妈妈在带宝宝玩这一游戏时,可以一边玩一边唱儿歌,这样能活跃游戏氛围,调动宝宝的兴趣,宝宝很可能会开怀大笑。儿童的本体觉失调并不会随着年龄增长而消失,需要我们家长引起重视并经常对其进行训练,以帮助宝宝获得本体觉的健康发展。

飞翔：帮助宝宝强化肌肉感觉

本体觉是全身肌肉关节的感觉输入，是人体、肌肉、关节运动神经组织、身体神经组织和大脑长期互动练习过程中，协调出的自动身体的能力，又称身体地图或身体形象，医学上称人体深度觉。

本体觉能告诉我们关于位置、力量、方向和身体各部位的动作，有助于统合触觉与前庭觉的一种感觉信息。本体觉的接收器分布在我们的肌肉、关节、韧带、肌腱和结缔组织中。

本体觉对感觉统合最大的作用是维持肌肉正常的收缩，使关节能够自由活动，因为动作是促进感觉统合发展最主要的途径，所以，本体感觉可以帮助宝宝自由行动。同时，本体觉也影响神经系统的兴奋状态，增加本体觉的输入，有助于宝宝情绪的正常化。本体觉功能不好的宝宝，肌肉收缩功能存在一定的障碍，在宝宝成长过程中，家长有必要做一些帮助宝宝强化肌肉感觉的训练，其中，飞翔这一游戏深受孩子的喜欢。

游戏准备

这一游戏适合6~12个月的宝宝。

操作方法

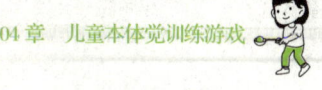

这一游戏最好由爸爸来带孩子玩，因为相对于妈妈来说，爸爸更有力量，游戏中，爸爸可以将孩子举到肩膀上坐稳，并左右摇晃。同时让孩子抬高头部，收缩胸部和四肢，模仿飞机起飞的样子。

爸爸仰躺在地板上，然后让孩子面对面躺在身上。家长将双手伸直顶住孩子的肩部，同时双脚弯曲托住孩子的腰部，用双脚的力量进行前后左右摇晃。

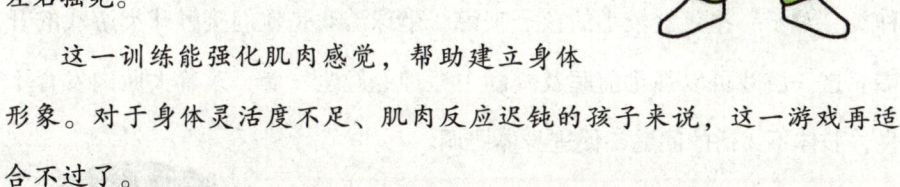

这一训练能强化肌肉感觉，帮助建立身体形象。对于身体灵活度不足、肌肉反应迟钝的孩子来说，这一游戏再适合不过了。

这一游戏能锻炼宝宝的身体意识、大动作技能、听觉和社交技能。学会控制手和脚对这个年龄段的宝宝来说是非常重要的事，当家长说出这些部位，他可以指出身体的位置，说明游戏起作用了。

训练指南

在宝宝6~12个月时，肌肉的发育会发生很大的变化。宝宝从学着如何坐，发展到身体以匍匐的姿势向前倾。妈妈可以学着让宝宝保持身体坐着的状态，然后让他拉着家具的边缘向前行进。有的宝宝甚至在1岁之前就学会走路了。通过互动式游戏的方法，可以帮助提升宝宝的肌肉运动技能。

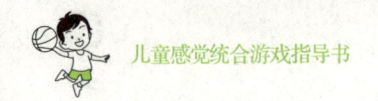

● ▶ 坐球游戏：强化宝宝前庭及脊髓中枢神经健全发展

球是所有孩子都喜欢玩的一种玩具，并且它是一种可以多视觉多角度培养孩子反应能力、运动技能及提高孩子智商的玩具，不过，球的种类很纷杂，并且玩法各有千秋，家长可以根据孩子的具体年龄来选择游戏种类，对于一些年龄较小的孩子来说，坐球游戏是他们接触球类游戏的开端。这一游戏可以强化前庭及脊髓中枢神经健全发展，改善大肌肉发育不良，肢体不灵活的问题，促进身体协调。

游戏准备

这一游戏适合年龄2~4岁的孩子。

工具准备：球。

工具摆放：将球放在地板上。

操作方法

孩子可以轻轻坐在球上，需要保持上半身垂直，然后缓缓闭上眼睛、保持放松，每次10~30分钟，也可在坐在球上时，保持有节奏地轻轻晃动手脚。

需要注意的是，孩子在玩这一游戏时，家长需要陪同，第一是在一旁安抚孩子，能让孩子有兴趣继续玩，第二能保护孩子，不要让孩子从球上滚落，以免受伤。

另外，我们还可以以球代替椅子，让孩子坐在球上看电视、吃饭、做功课，可使其脊髓神经的发展更为健全。

训练指南

除了坐球游戏外，爸爸妈妈还可以和宝宝玩传球游戏，这一游戏的玩法是：首先选择和宝宝脑袋大小差不多的球（太大或太小都抓不住），然后选择或清理出一块室内或室外的空间，家长坐在离他一两步远的地方，轻轻将球滚到宝宝脚边，然后鼓励他把球滚回来。宝宝熟练后，慢慢扩大与他的距离。同样，家长也可以试着将球轻柔地弹给宝宝，再让他弹回来。

这个游戏的乐趣在于家长和宝宝要把球传得很快，家长也可以叫上几个小朋友和宝宝一起玩这个游戏。

转身训练：强化孩子本体感和双侧协调能力

本体感不好的孩子，他们的双侧协调能力不足、四肢灵活度也不足，让孩子做翻滚动作，会促进宝宝身体双侧灵活协调，翻滚时，宝宝的头、眼、四肢、身体要相互协助做出一系列动作，能锻炼前庭和小脑的平衡功能。

翻滚动作还涉及宝宝运动技能的学习和独立活动的能力，有助于宝宝建立自信和逐步自立。

游戏准备

一个垫子。

操作方法

让孩子坐在垫子上，大人固定住孩子的脚，然后让他的头部、手、腰等部位左右转动。若是头部紧张度反应度较低，就要注意协调各部位肌肉的同时收缩能力。

让孩子在垫子上进行翻滚动作，这可以强化颈部控制力和对全身肌肉的控制，有助于本体感觉的发展。

这一训练能强化本体感和双侧协调能力，促进运动协调能力的发展，

适用于四肢反应僵化、灵活度不足的孩子。

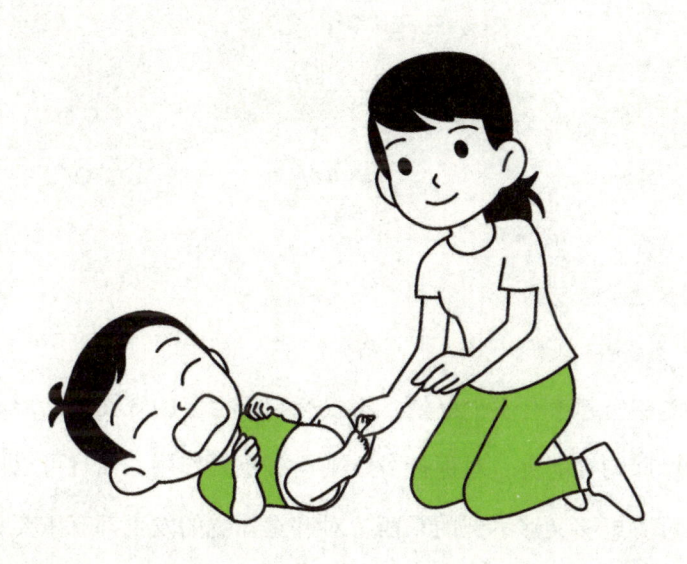

训练指南

没有时间和精力陪宝宝做游戏的父母，可以为宝宝准备一个安全的小床，让孩子自己做翻滚动作。

宝宝的小床应围上坚固的栏杆，栏杆高度要超过70厘米，床内不能放大玩具，以免孩子爬上玩具，坠落地面。

除此之外，还可以让宝宝自己在房间里爬行。父母可以用墙角、床边、沙发、椅子围出一块活动场地，地面铺上塑料地板块或席子，任宝宝爬来爬去而不致跌伤。

对于这样的训练，家长一定要保证"运动场"的安全，居住面积较大的居室，可用最小的房间做"家庭运动场"，要把房间内易倒的家具移出屋子，不要放饮水机、茶具、花盆等，电源插座放在宝宝摸不到的地方或用绝缘的材料将它们包好，地面及墙角清理干净，让宝宝自由自在地在屋内翻、滚、爬。

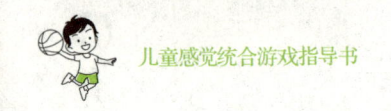

坐一坐：训练宝宝身体的灵活性

宝宝能够坐起来有不少好处，不仅有利于宝宝的脊柱开始形成第二个生理弯曲，即胸椎前突，对保持身体平衡有重要作用，而且可以使孩子接触到许多过去想够又够不到的东西，对感觉知觉的发育都有重要意义。家长带领宝宝做"坐一坐"的游戏能促进宝宝的前庭和本体功能的发展，对训练宝宝身体的灵活性很有帮助。

游戏准备

这一游戏适合年龄4~8个月的宝宝。

工具准备：棉被、垫子、枕头等。

工具摆放：用上述工具围在宝宝的屁股和腰部，放在宝宝正后方。

操作方法

让孩子靠着上述摆好的工具坐一会儿，渐渐搬掉一些支撑物，宝宝的手掌会自然地向前伸在地上以保持平衡，看上去就像一只小青蛙一样，蹲坐在那里。这时家长可以慢慢离得远一点，让宝宝独自坐几分钟。

游戏时间：3~5分钟。

注意事项：家长应顺应宝宝的发育进程，不要强迫宝宝，宝宝累了就可以停止。

　　延伸训练：让宝宝躺一会儿坐一会儿，或者翻几个身，促进身体的灵活性。

训练指南

　　从第4个月起，妈妈或爸爸除了带宝宝玩"坐一坐"游戏外，还可以每天和宝宝玩拉坐游戏，来训练宝宝的腰肌。训练时，先让宝宝仰卧在平整的床上，妈妈或爸爸握住宝宝的双手手腕，也可用双手夹住宝宝的腋下，面对着宝宝，慢慢将宝宝从仰卧位拉到坐位，然后慢慢让宝宝躺下去。练习多次后，妈妈或爸爸只需稍微用力帮助，宝宝就能借助妈妈或爸爸的力量自己用力坐起来。但对于过小的婴儿，则不宜训练，过早坐会伤脊椎，影响宝宝的身体发育，可以先让宝宝练习翻身和爬行。

第05章 儿童触觉训练游戏

　　触觉是指分布于全身皮肤上的神经细胞接收来自外界的温度、湿度、疼痛、压力及震动的感觉。触觉统合失调又可以细分为：触觉敏感型和触觉迟钝型。作为父母，我们在家庭教育中要注意孩子的触觉感统发展，一旦发现孩子有触觉失调的现象，就要进行积极干预。可以通过洗澡游戏、梳头游戏、麻布刷身游戏、毛巾卷游戏、沙土游戏、小刺球游戏等来刺激孩子的身体。在使用这些方法的时候，一定要注意孩子的接受能力，注意自己的力度，让孩子慢慢适应，才能改善触觉失调的问题。

虫子爬：提高宝宝的触觉反应力

触觉是人体发展最早、最基本的感觉，也是人体分布最广、最复杂的感觉系统。在孩子的成长中，触觉是新生宝宝认识世界的主要方式，通过多元的触觉探索，促进了宝宝的动作及认知发展。如果宝宝的触觉系统失调，那将会对宝宝的成长造成很大的影响。所以我们对于儿童触觉感统失调训练方法也是针对于孩子触觉来训练。大量的触觉信息刺激可以帮助孩子提升大脑对获取信息的辨识能力，进行自我保护和情绪调控，为后期的大脑双侧分化和大脑功能区专责化打基础、做准备。

触摸和抚摸练习，能促使孩子们在周围的环境中寻找类似的感受和体验，从而不断完善自己。触觉练习可以让孩子在"触摸"中不断完善自己，不仅可以提高辨别各种渐趋相似却略有不同的触觉的能力，还可以提高孩子控制自己动作的能力。

游戏准备

这一游戏适合年龄0~6个月的宝宝。

操作方法

家长用食指当虫子，在宝宝的手心、脚心爬来爬去，同时可以唱一些

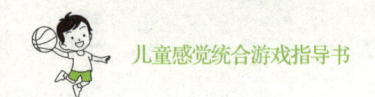

宝宝熟悉的儿歌。

游戏时间：5~10分钟。

注意事项：用手指做爬的运动时，指甲不要划伤宝宝。

延伸训练：可以跟着儿歌的节奏做一些摩擦运动。

训练指南

生活中，当我们发现孩子动作不灵活、笨手笨脚、学习积极性低下、学习困难、性格冷漠、喜欢搂搂抱抱，并且需要父母特别多的抚摩，或者总喜欢摸别人的脸或某个玩具、卧具否则不肯入睡等，那么，你的孩子很有可能是触觉失调，对于这样的孩子，如果不及时疏导，给予帮助和调整，那么会出现更为严重的后果，最好从宝宝年幼时就多做一些促进其触觉反应力和提升其智力的小游戏。我们可以发现，儿童触觉感统失调的训练方法，大多是刺激孩子的感觉反应。利用游戏和日常的习惯来弱化孩子对于外物的敏感度，能够帮助孩子健康成长。

▶ 沙土游戏：刺激宝宝的触觉

人类的感觉包括视觉、听觉、嗅觉、味觉、触觉和重力感觉。人通过这些器官从外界获取信息，然后将这些信息传给大脑，经过大脑对这些信息进行解释、分析组合等加工处理，从而指挥人做出适当的反应完成各项活动。在这一活动中，触觉也占据了很大一部分，对于出生后的宝宝来说，随着身体的发育，触觉也开始发育，他们的手似乎从未停止触摸周围的事物，比如拔拔花花草草，碰碰水果摊的水果，或者扯扯时装店的衣服，抓抓卖场里的米粒、绿豆，甚至有时候摸摸路人包包，对此，父母有必要带着孩子做一些刺激触觉的训练，其中就包括玩沙土游戏。

游戏准备

沙子、耙子、烤盘等。

操作方法

无论在沙滩上、操场上还是在沙盒中，沙子设计图案都是吸引人的、有创造性的、有趣的，它是艺术活动和户外游戏的结合体。家长可以向宝宝示范怎么使用工具做出图案。比如用耙子拉出直线和波浪线；用烤盘压出大大的圆形；用空的酸奶盒和湿沙垒起高塔。向宝宝示范怎么一推或倒

水，就能拆除他的沙子杰作，然后让他重新创作，想做几次都可以。

玩沙子对艺术探索是极有用的，因为宝宝可以在其中尽情翻滚还很安全。抓放沙子和玩沙子，可以训练宝宝的小动作技能，刺激他的触觉。

训练指南

一些家长不理解为什么孩子对普普通通的沙子和水如此痴迷，这种外在表现的原因是与孩子的生理及心理需求密切相关的。心理学家认为，宝宝喜欢玩沙子，是因为他们感到快乐，这一游戏对于促进宝宝的发展有着十分重要的价值。通过玩沙玩水，宝宝可以发展智力。

沙既是固体的，又是流体的，它变化无常又易被掌握，它多变的形态与多种多样的玩法，从本质上满足了儿童内心的需求和操作中的创造性。如果再加上水，水可以将沙固化，也可以将沙液化，水和沙一结合，就变得奇妙无穷。没有任何一种玩具能如此多方面地满足孩子的需要。喜欢玩水和沙子是宝宝的天性，所以，在保证安全的情况下，家长应该任由他们玩。

●▶ 摸一摸字母：让宝宝认识抽象的图形

这一游戏适合一岁半以后的宝宝，因为此时的宝宝已经有了一定的认知能力，让宝宝接触英文字母，可以为以后的英语学习做好准备，但这些枯燥的字母，宝宝可能看到就头疼，此时，我们家长便可以用"触摸字母"的游戏带领宝宝进入字母的学习，不但能提升宝宝对抽象图形的识别能力，最重要的是，在触摸字母的过程中，还能刺激宝宝的触觉神经，让宝宝的触觉功能得到开发。

游戏准备

砂纸、一把剪刀。

操作方法

可以把字母描绘在砂纸上并且剪下来，让孩子通过触摸字母的边缘来学习字母。让孩子在触摸字母的过程中提高孩子的记忆力，帮助孩子脑海中形成字母的形态。因为我们需要把抽象的图形更形象化地记住。

当宝宝年龄稍大点之后，我们还可以教宝宝如何使用剪刀，让宝宝自己剪字母形状，不仅可以让宝宝手脑并用，还能提升他们学习字母的能力，不过爸爸妈妈还是要在一旁监督，以免出现意外，让宝宝划伤自己。

训练指南

宝宝都喜欢玩，而不喜欢学习，让他们一本正经地学习字母，宝宝不但会抵触，而且根本记不住。寓教于乐，让宝宝边做游戏边学习字母，不但能提升娱乐性，更能让宝宝在潜移默化中爱上学习。

抓握玩具：训练宝宝的手眼协调能力

任何一个孩子学习、生活能力的发展，主要依赖于大脑和身体运动神经系统之间的协调。当这一系统运作良好时，孩子在学习、运动、移动时，其大脑、眼、耳、手、足等高度协调，在学习活动中表现出适应性强、沟通能力强的特点，没有发展迟缓的情况。当这一系统运作不良时，孩子的大脑和神经系统活动就像拥挤的交通一样，众多感知到的信息流通不良，混乱而缓慢，使孩子的认知、行为、学习、情绪等方面的发展出现异常。让初生宝宝玩"抓握玩具"的游戏就是从三个月开始对宝宝进行手眼协调的训练，激发宝宝的触觉功能。

游戏准备

这一游戏适合0~4个月的宝宝。

工具准备：各种质地且有声响的玩具。

操作方法

工具摆放：挂在门、窗、墙上或宝宝的床上。

操作过程：将带声音的玩具挂在自家的门、窗、墙上，家长逗引宝宝去抓握。

游戏时间：5~10分钟。

注意事项：玩具应该是环保的，且不能伤害宝宝的皮肤。

延伸训练：可以买些带声音且可以移动的玩具，让宝宝抓握。

训练指南

初生宝宝对外界事物的了解和认识，主要是通过视听、嗅、味、触的感官来获得的。从三个月就开始调动宝宝的手部和眼部参与到对周围事物的认识中，最好的游戏之一就是抓握玩具。

水中游：刺激宝宝的皮肤和触觉神经

游泳对婴儿的好处是很多的，一般现在主张生下来的孩子就可以游泳。因为宝宝出生前就是在羊水环境中处于游泳的状态，另外，通过水和水压对孩子全身皮肤的刺激，可以激发孩子神经、免疫和内分泌系统的系列良性反应，所以应对婴儿早期开展游泳的训练，但是游泳也要采取适度的方法，水温不要太高或太低，太高容易伤孩子的皮肤，太低容易使宝宝着凉。孩子感冒发烧期间最好不要游泳，因为感冒发烧期间本身抵抗力就差，如果游泳容易造成交叉感染，对孩子的健康不利。

游戏准备

适合年龄：0~6岁。

工具准备：婴幼儿浴缸、游泳颈圈。

操作方法

将水温调至35℃左右，给宝宝戴好游泳颈圈，开始时，需要抱着宝宝在水中试着入水，抱放几下待适应后，将宝宝放入水中。

游戏时间：10~15分钟。

注意事项：室内温度要保持28℃，注意检查颈圈是否有漏气现象。

延伸训练：宝宝适应后可以进行游泳姿势的学习。

训练指南

游泳是一项有益的运动，需要机体多系统功能参与。婴儿学习游泳可以更好地促进机体协调发育，有助于智力成长、增强机体抵抗力，并且以水为介质的皮肤接触和各个关节的协调运动，能够给宝宝温和的刺激，更好地促进平衡感，有利于促使宝宝身心健康发展。但是，游泳也有一定的弊端和一定的危险性，可能会造成宝宝溺水的情况。如果水质不好，还可能会导致宝宝出现皮肤感染等。

因此，如果宝宝要进行游泳，一定要选用专业的婴儿浴缸，或者到专业婴幼儿游泳场所进行游泳，注意做好宝宝的防护，避免宝宝受凉。宝宝游泳结束后还要做好脐部护理，以免引起脐部感染。另外，需要注意的是如果宝宝患有疾病，那他就不适宜游泳；如果宝宝皮肤有破损，也要避免游泳；如果宝宝患有某种皮肤疾病，也暂时不要游泳。

捏一捏：激发宝宝指尖的触觉灵敏度

苏联著名教育家苏霍姆林斯基说过："儿童的智慧在他的手指尖上。"心理学家一致认为手指是"智慧的前哨"，这说明动作的发展多么重要。动手能力是一种最基本的而又十分重要的学习能力，父母在教育孩子，开发孩子智慧的时候，不妨从培养他的动手能力开始。在宝宝的诸多动手活动中，让宝宝学会用拇指和食指捏东西，能激发宝宝指尖的触觉灵敏度，是发展宝宝手指灵活性的重要手段。

游戏准备

一个大盘子、颗粒状的食物、葡萄干、小糖豆、珠状的食物。

操作方法

拿来一个大盘子，在盘子中放置一些颗粒状的食物，比如小的巧克力，然后给孩子进行示范——如何用拇指和食指把这些小粒状的食物捏起来。如果孩子还是不会操作，你可以手把手教孩子。

在盘中放一些黏糊糊的食物，比如葡萄干、湿的粘糊小糖豆，如果孩子捏起来了就让他吃，作为一种奖赏。

还可以放一些小珠子，让孩子捏起来之后交给你。不过此处为了安全

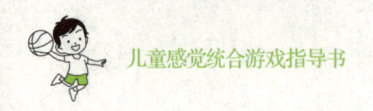

起见，最好是用珠状的食物代替珠子。

训练指南

对于宝宝手指灵活的训练，最好可以从宝宝2~3个月的时候开始，可以先从帮助他们学习抓握开始，妈妈可以将小的玩具挂在宝宝摇床沿上，然后吸引宝宝去玩，妈妈也可以在手里吊一个小球，高度应该是孩子能够抓到的，要记住：妈妈一定要和宝宝互动，才能提高宝宝的抓握兴趣。当宝宝可以轻而易举地抓到时，要逐渐提升高度。

洗澡游戏：通过水对宝宝进行刺激训练

每个宝宝都会经常洗澡，一些父母可能认为洗澡是再正常不过的事了，但其实洗澡也是刺激宝宝触觉功能的一大训练方法，洗澡是通过戏水对孩子进行触觉刺激的训练。用水的刺激力和水温来强化孩子的皮肤神经，可以促进触觉信息的调适。戏水适用范围广、方式多，在感觉统合训练中的效果最好。

另外，在宝宝洗澡的时候，妈妈可以和宝宝做一些小游戏，这样做的目的主要是提高宝宝的智力，让宝宝更加健康地发育。

游戏准备

两个小脸盆、毛巾、软刷子。

操作方法

在给孩子洗澡前，妈妈要保证水温，不要烫到孩子，水温也不能太凉，游戏开始后，妈妈可以用花洒喷射孩子身体的各个部位，也可以让孩子浸泡在浴池中，或在池子里学习游泳。可用冷、温、热三种不同的水温，让孩子分别去试。

在洗澡时妈妈可以带宝宝做的游戏有：

冷热水刺激：在浴缸中放两个小脸盆，一个装了温暖的水，一个装了凉爽的水，让宝宝把双手先浸入温水，告诉他"这是温暖！"五秒之后，让他双手浸入凉爽的水中，感觉差别，这个活动会提升宝宝的触觉智能。

梳头游戏：用梳子的尖端刺激孩子的头皮，并顺其势梳头，也可以让孩子自己来，对手指的精细运动和了解自身形象都有帮助。

麻布刷身游戏：用麻布以中等力度刷孩子的手臂、前胸、后背、足部，可以边刷边讲故事或唱歌，保持轻松氛围，以免孩子紧张。也可以用毛巾、海绵、软刷子等物品替代。

按摩游戏：洗澡后让宝宝趴在铺于软垫上的毛巾上面，你可以跪在宝宝身旁，两手并排放于宝宝的后颈部，慢慢左右移动，往下一直按摩到臀部，然后用同样的方法再按摩上来到后颈部。有的宝宝接受按摩时会怡然入睡，有的会精力充沛兴奋得手舞足蹈。此法对宝宝的触觉智能最有益处。

大人要陪同孩子一起训练，水温要合适。根据孩子的情况，莲蓬头喷射的强度不要太大，要循序渐进。

训练指南

在为宝宝洗澡时，可以指出他身上的各种构造，形容你在做的动作："我现在在洗你的手，你的手指卷得好紧哦！松开你的手，让我洗洗你的手指！"

跟宝宝闲聊时注意不要用儿语，"松开你的手！"不要说"松开你的'手手'"。因为做智能提升时，给宝宝的资讯就必须是完全正确的。"手手"是一个错误的资讯，所以就不要用。因为起初你跟宝宝在洗澡闲聊时，他不了解你在说什么，但不久他就会渐渐晓得"松开你的手"是什么意思。

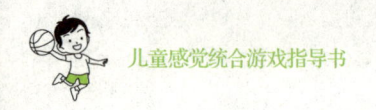

小刺球游戏：刺激宝宝的身体

小刺球也是孩子们喜爱的一种玩具，它是一种有弹性的空心球，多用橡胶制成。

游戏准备

带突起的小刺球。

操作方法

用带突起的小刺球在孩子身上进行滚动、摩擦、轻压，主要刺激孩子的后背、脚心、手心、腋下、脖子，四肢与前胸可以让孩子自己完成。

训练指南

对于父母，为了训练宝宝的触觉功能，在平时，我们可以引导孩子触摸不同的事物及不同触感的事物。如抓一把米、一把沙子、一把豆子等让孩子感受。或者让孩子感受不同纸张质感、不同形式的绘本。甚至可以为孩子准备足够多材质种类的玩具，如布制的立体书、动物皮与布料拼接的玩偶、橡胶材质的弹球等。还要带领孩子亲近大自然，玩沙、玩水、玩泥巴、触摸树叶花草等。需要注意的第一点是家长不要怕脏，反而要鼓励孩子玩儿，要与孩子一起玩儿，以激发孩子的热情，玩完以后要及时给孩子洗手和换洗衣服。第二点是要保护好孩子，不要让孩子把沙或泥土吃到嘴里去或弄到眼睛里。

● ▶ 梳头游戏：改善触觉功能过于敏感

触觉是接触、滑动、压觉等机械刺激的总称，比起其他感觉，触觉的感受器分布最广，遍布全身，触觉从婴儿时期就开始形成，是我们最基本的认识世界的方式，触觉失调就是触觉对外界的反应出现异常，对外界的反应过于敏感或者迟钝。

触觉失调分为触觉敏感与触觉迟钝。对于触觉敏感的孩子来说，家长可以运用梳头游戏来帮助宝宝获得改善。

游戏准备

木梳一把。

操作方法

这是一个能刺激孩子触觉的游戏，对于那些触觉敏感的孩子来说，这个游戏再适合不过，妈妈拿来木梳一把，用梳子刺激孩子的头皮，并且进行顺其自然的梳头训练，指导孩子顺应身体的动作，首先从右往左往后梳25下，再从左至右往后梳25下，然后再从前往后、从后往前各梳25下，总结下来是100下。

这个游戏不但能刺激孩子的触觉，更能增进亲子关系。

需要注意的是，家长可以对孩子的敏感部位进行摩擦训练，选用木梳可以避免静电反应对孩子的损害，游戏中用力不要过大，以免损伤孩子的头皮。

训练指南

家长需要关注以下几点，如果你的孩子有这样一些表现，可能是触觉敏感。

容易养成触觉依赖，例如：睡觉喜欢咬被角、抓妈妈的手或抱某个布偶或毛毯（巾）；喜欢咬指甲、吸吮大拇指或咬衣领、袖口、铅笔头或咬嘴唇。

在家或熟悉的环境中和在陌生的环境中判若两人。与家人或熟人一起互动时，活泼且话多，但又常常言不及义，还容易对亲近的人发脾气，但在陌生环境面对陌生人时又表现得"礼貌"且安静。

对某些材质非常抗拒。例如：绒毛类、湿泥巴或颜料。

情绪转换困难，高兴会高兴很久，伤心或生气也会很久，显得有理讲不通或特别不成熟。

对突发状况应变能力差，例如：面对突然有人急冲上来或突然生气大吼，或坐上原本以为稳定的旋转椅而椅子却突然转动时，会身体僵硬、脑袋一片空白，顿时不知所措。

挑食、偏食，对没有尝试过的食物抗拒，对喜欢吃的食物不知节制，容易对某些食物过敏。

对陌生环境安全感建立缓慢，例如：生病请假，在孩子恢复健康后，仍会找许多借口不想上学，上学后会重新出现新入学时的紧张、哭闹的状态。

对声音特别敏感，一点小小声响或者特别的声音都可能造成触觉不足的人的不安和烦躁。

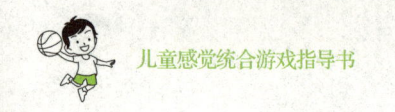

刷身游戏：时宝宝进行触觉强化

在所有的感觉中，触觉是触发频率最高的，从皮肤到毛发，无时无刻都有无数信息进入大脑。触觉过度敏感的孩子，大脑将会忙于处理每一个收到的信息，写作业时他人的走动，读书时微风吹动，都能打断孩子的学习，这样学习的信息自然就很难传入大脑。而触觉迟钝的孩子，则很有可能对外界的刺激感应不足，对学习的信息反应也会比较迟钝。对触觉迟钝的孩子，父母一方面可以用软毛刷给孩子刷手心，手臂及腿，以唤醒孩子的触觉感知。另一方面，可以给孩子玩触觉玩具，让他们在不知不觉中增进触觉识别能力。

游戏准备

触觉刷（也可以用毛巾、海绵、妈妈化妆用的软刷子等物品替代）。

操作方法

用触觉刷刷孩子的手臂、双腿、前胸、后背、手心、足部等部位皮肤来进行触觉的强化。

在刷的同时，对反应敏感的孩子力度不可太大，以帮助其慢慢适应。

对反应迟钝的孩子，用力可稍大些，能刺激孩子神经，为了让孩子放松下来，可以一边刷一边给他们唱儿歌、讲故事，让孩子的心情放松下来。

为避免损伤孩子的皮肤，手法要轻，用力要均匀，可以在孩子身上涂少量的爽身粉。

另外，爸爸妈妈要经常爱抚自己的孩子。情绪的稳定以及良好人际关系的建立，均有赖于具有安定的触觉系统。而适度的爱抚是触觉系统能够良好建立的基础，也是孩子形成安定情绪的有效方法。

训练指南

家长需要关注以下几点，如果你的孩子有这样一些表现，可能是触觉迟钝。

特别"勇敢"与"坚强"。幼儿时期（出生到六岁）打针不大哭、摔跤不觉得疼。

轻微的碰触，孩子察觉不到。例如：有小昆虫爬上身体时，不知驱赶。

探索欲极强但马虎大意。喜欢到处碰、触摸个不停，却容易打翻或挥落桌上的物品。

顽固偏执。一直坚持以自己的方式做事，没有调整的灵活性。

比较大大咧咧。不怕陌生环境或人多的地方，胆子特别大，没有安全意识。

典型的"人来疯"。看到孩子多或觉得好玩的地方则容易兴奋、尖叫。

只能注意到眼前事物，对身边其他事物无法感受。例如：只能看着掉落半路的冰淇淋专注地伤心，无法注意到往来车辆对自己可能造成的伤害。

第06章
儿童视知觉统合训练游戏

对于年幼的宝宝来说，他们接触外在世界的第一步就是"看"，所以其视知觉统合能力的发展尤为重要，而视知觉统合能力的训练，是培养孩子注意力的最好方法。父母要抓住孩子心理发育的最好时机进行感统训练。一般来说，在宝宝5个月大的时候，就应该进行视知觉能力、培养注意力的训练了。那么，如何运用游戏训练儿童的视知觉功能呢？在本章中，我们来揭开答案。

认识白与黑：提升宝宝的视觉和关注能力

正所谓"眼睛是心灵的窗户"，我们在生活中接收的信息，绝大部分要通过视觉来获知，所以视觉功能的良好发展对于孩子来说是十分重要的。视知觉功能，主要包括视觉聚焦、视觉追踪、颜色辨别、轮廓掌握、视野扩展、平面与立体转换、图像创造、层次辨别、视觉预测、视觉记忆等多个方面。所以，如果孩子的视知觉功能发展不理想的话，他在生活学习的很多方面都会受到影响。而训练宝宝的视知觉功能，第一步就是让宝宝认识黑与白。"认识黑与白"这一游戏能以黑白这两种对比强烈的色彩来刺激宝宝，提升宝宝的视觉和专注能力。

游戏准备

黑白分明的两种物品。

操作方法

对于游戏道具的要求很简单，只要是黑白两种颜色的物品都可以，比如，妈妈可以将黑白棋子拿出，分成黑白两堆，或者将棋子摆成一个个黑白相间的方阵，让宝宝观察20~30秒，也允许他用手抓棋子玩儿，每天几次；三五天后再把两种颜色的棋子混在一起，展示在宝宝面前。

准备一块黑白条或黑白格布，一次次在孩子面前展开与收起，也能达到同样的游戏目的。

训练指角

视知觉功能较弱的孩子主要有以下表现：即使常看到的东西都会让他害怕；喜欢看手发呆；对特定的颜色、形状、文字特别感兴趣甚至固执；喜欢将物品排队；喜欢斜眼看东西；喜欢躲在较阴暗的角落；喜欢看色彩鲜艳、画面变换较快的广告；喜欢看风扇或转动的东西；喜欢坐车，对窗外景色变化非常着迷。在家庭中，如果我们发现孩子的视觉失调，千万不要批评、指责孩子，而是要耐心地加强对孩子视觉功能的训练，视觉功能是完全可以修复的。

●▶ 眼睛跟着彩笔转：让宝宝的注意力跟随你转移

宝宝的视知觉功能如何，其中重要的一个指标就是视觉的广度，对于一些宝宝来说，让他将注意力从一件事物上转移到另一件事物上也很难，要么无法转移，要么是转移速度很慢，比如，对于一些学龄期的孩子来说，课间休息十分钟，上课铃响了，一些孩子还是无法静心上课；再比如，第一节课是语文课，而第二节课是数学课，他也无法迅速将思考的重点从语文转移到数学上。

视知觉能力是智力的基本要素之一，是记忆力、观察力、思维力、想象力的准备状态，所以人们经常将眼睛比喻为心灵的门户，培养宝宝转移注意力的能力，也能从游戏入手，"眼睛跟着彩笔转"这一游戏就能达到这一目的。

游戏准备

一些颜色不同的彩笔。

操作方法

妈妈可以将这些颜色不同的笔抓在手上，然后晃动自己的手，宝宝的注意力会随着妈妈的手不断转移，此时，妈妈可以问："我手中的彩笔有

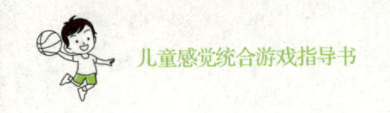

哪几种颜色？"

开始的时候，妈妈晃动的速度可以放慢些。

刚开始玩这个游戏，宝宝可能反应慢、跟不上你的节奏，你可以放慢些速度，还要给宝宝一点时间，让他认真注意你手中的彩笔，后来妈妈的速度可以越来越快，到最后只是一眨眼的工夫。

训练指南

似乎宝宝天生就喜欢东看西看，而且在做事的过程中，很容易因为畏难情绪而放弃，然而，这并不意味着注意力是后天不可改变的，一些父母认为宝宝年龄尚小，调皮是正常的，长大就好了，其实不然。如果家长没有尽早重视这一问题，及时通过早期教育和训练提高宝宝的视知觉功能，待孩子上学以后，就会因为注意力问题而影响学习。

一起画画：培养宝宝时色彩的感知力

儿童心理学家认为，宝宝在刚出生时只能看到黑和白两种颜色，到1岁能够辨认红色，到2岁可以掌握黄、绿、蓝三种颜色，到3岁，能够识别紫色、粉色等复合颜色，从3岁开始孩子对色彩产生了感觉和认识，开始在生活中不断寻找不同的色彩，并使用和搭配。当宝宝开始喜欢涂鸦时，家长要加以引导，从而开发孩子的智力。不过我们建议家长给孩子提供多彩的油画棒，任其图画，不要求构图，不要求绘画技巧，需要锻炼的是孩子颜色识别与搭配的能力。

其实，孩子是很敏感的，作为他最亲近的人，如果家长一味地呵斥和制止他们涂鸦，这对他的心理将会造成很大的伤害，这些消极的声音会严重地打击他的积极性。绘画是表达孩子内心的一种语言，是孩子的一种成长方式。聪明的家长会选择和宝宝一起画画，这不仅能培养宝宝的视觉统合能力、注意力和对色彩的感知力，更能增进亲子关系。

游戏准备

一朵花、一片树叶甚至是一些图形，越简单的事物越好。

操作方法

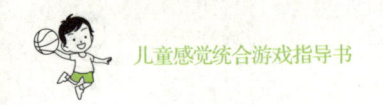

初期，可以先来一些简单的画画游戏，比如妈妈画一朵花，让宝宝画上一些树叶，或者妈妈画一条鱼，让宝宝画上眼睛，诸如此类的小游戏，宝宝会玩得非常开心。慢慢的，妈妈可以增加一些难度，画一些复杂的画，让宝宝自由地填色，时间长了后，就可以教宝宝临摹简单的画或者自由想象着画画了。

另外，妈妈不要认为孩子画得像就是画得好，要知道，我们的目的是激发宝宝的画画兴趣和培养他们的专注力，不是为了临摹，此时，我们要恰到好处地对其作品给以具体的肯定与鼓励，这样才能极大地提升孩子的自信心，增强对艺术的热爱。当然，鼓励与表扬的语言要具体，比如："你这幅作品的人物的脸画得很有立体感，色彩运用也朴素大方哦！"

原来对自己并不自信的孩子，听到你的鼓励后，一定会变得信心十足。

训练指南

儿童的绘画应该是自由的。家长鼓励宝宝们绘画，其实原本的目的也是开发他们的视觉统合能力，乃至想象力、观察力、记忆力、审美能力、动手能力等，想象力是创造力的基础，而唯有想象力是会随着年龄的增长、生活阅历的丰富而被逐渐束缚、削弱、减少的。家长可以通过让孩子绘画来发挥他们的想象力，同时保护好孩子们珍贵的想象力。

玩具去哪了：调动宝宝主动观察的兴趣

一些父母认为，刚出生的宝宝是没有记忆的，其实不然，教育专家认为，宝宝出生后两三天就拥有了一定的记忆力，到6个月就能进行形象记忆，开始无意识地储存一些信息，生活中，如果家长发现宝宝突然对前几天还在玩的十分尽兴的玩具不感兴趣了，那说明宝宝已经对这个玩具有了记忆力，此时，妈妈要及时为他提供新鲜玩具，以刺激他继续记忆新事物。不过，对于幼年的宝宝来说，他们的记忆力多半来源于视觉功能，一些视觉统合能力差的孩子，典型的表现之一就是记忆力差或者视觉记忆短暂，因此，训练儿童的视知觉功能，也是开发儿童观察能力和提升记忆能力的重要方法。

对于宝宝来说，最喜欢的就是玩具了，要训练宝宝的视知觉功能和观察力，家长便可以从玩具入手。

游戏准备

宝宝喜欢的玩具。

操作方法

当妈妈看见宝宝正在玩自己喜欢的玩具时，可以先将玩具当着宝宝的面藏起来，然后告诉宝宝："你的玩具去哪里了呢？"此时，宝宝会调动自己的视觉功能进行寻找，妈妈再将玩具突然拿出来，看宝宝会不会很兴奋；也可以把玩具放在手里，然后翻转手，看宝宝会不会拨动你拿玩具的那只手；或者把玩具放在一只手内，两只手都藏到身后，再拿出来放在他眼前，看他还能不能分辨出哪只手里有玩具。

不过在整个游戏过程中，妈妈要注意引导宝宝，不能直接抢走手里的玩具，不然宝宝可能会哭闹，让游戏无法进行。

训练指南

每个宝宝都要进入学校学习，观察力、注意力和记忆力发展情况，对宝宝以后的学习有很大影响，一些父母常常对学龄期孩子的记忆力感到头疼，而其实，孩子的记忆力和专注力与其视知觉功能有关，这一点可以从小训练，如果在平常我们能通过游戏有意识地培养孩子的这一功能，孩子上学后便会事半功倍。

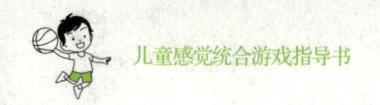

找差别：有助于训练宝宝的观察力

这一游戏适合1~2岁的宝宝。很多父母认为孩子总是粗心大意，在学习上也是如此，其实，这不仅是因为孩子学习不认真，还有可能是因为其视知觉功能发育不完善，为此，他们常常在考试时丢分。家长可以在孩子很小时就对其进行训练，比如让孩子做"找差别"的游戏，能训练宝宝的观察力，让孩子养成缜密的思维方式和严谨的性格，对孩子来说是受益一生的事。

游戏准备

两张图片，图片要大致相同，却有细微的差别。教宝宝找出两张图片间的差别，训练宝宝的观察力。

操作方法

妈妈可以到书店买两张这样的图片，也可以自己动手制作，做成一套，要让两张图片之间的差别越来越少，因为训练宝宝找到两张图片之间的不同，是一个循序渐进的过程。

展示一对图片，问宝宝："仔细看看，这两种图片一样吗？"如果宝宝发现不了，给宝宝一点时间，让宝宝多思考一会儿，如果宝宝还是摇头，可以给宝宝一点提示。

随着宝宝的观察力进步，逐渐减少图片之差别程度。

另外，这个游戏还可以这样做：换掉图片，用实物来代替，妈妈可以找来两件类似的衣服或者两块差不多的饼干，甚至可以是两把勺子、两条金鱼等，只要提示得好，任何两样东西都可以让宝宝去比较，什么地方一样，什么地方不一样。

训练指南

找差别是训练宝宝观察力的好方法，有计划、有步骤培养宝宝敏锐的观察能力，同时有助于养成缜密的思维方式和严谨的性格。这种训练设计得好，可以一直持续做好几年。关键就是要掌握图片之间差别的程度，要恰到好处，有难度还要有成就感，宝宝才有兴趣。

●▶ 这是谁的东西：让宝宝学习分辨物品

这一游戏适用于2~3岁的宝宝，这一时期的宝宝已经有了一定的辨析能力，正是培养宝宝视知觉功能和观察力的好时机，我们可以从日常生活用品开始，家庭中的每个人都有自己的生活用品，包括水杯、帽子、圆珠笔等，让宝宝学习分辨这些物品是哪个家庭成员的，有助于锻炼宝宝的观察和记忆能力。

游戏准备

全家人日常使用的各种小物件，如水杯、眼镜、扇子、帽子等。

操作方法

可以收集一些全家每个人的一些个人小物品，比如眼镜、水杯、钢笔等，汇成一堆，放在宝宝面前。

然后对宝宝说："你知道这些东西都是谁的吗？现在，你来给大家发下去吧！"

得到了妈妈的"指令"后，宝宝可能会拿起东西准备给大人，此时，要鼓励他说出来给谁。

宝宝分配对了的时候，要及时肯定；如果宝宝分配错了，也不要说

"笨死了，这个都搞错了"，也不要立刻指出来，而是让家庭成员接过宝宝分给的物品，然后，然后提醒宝宝："这个戒指真的是爸爸的吗？"让宝宝认识物品的真正主人。

对于这一游戏，还可以换种玩法，有多个人参与这个游戏，会使游戏更有趣。也可以让宝宝主动收集每个人的物品，由妈妈或爸爸来猜东西是谁的。

训练指南

我们带领宝宝玩这个游戏，能让宝宝注意观察家中每个成员以及日常的生活细节，提高宝宝的观察力。同时也促使宝宝更熟悉家庭成员，让宝宝更关心他人，增进亲子关系和家庭成员之间的关系，另外，需要注意的是，可以根据宝宝的辨识能力，准备或多或少的物品。但准备的这些物品对宝宝来说一定要是安全的，那些尖锐（比如刀具）、沉重、有辐射或过于贵重的物品不适合让宝宝玩耍，千万不可因为和宝宝做游戏而因小失大。

● ▶ 看看能不能接住它：训练宝宝注意力转移的能力

在儿童的视知觉功能中，很重要的一项是方位知觉，即方向定位，是对物体所处的方向的知觉，如前后、左右、上下及东、西、南、北的知觉。我国一些实验结果表明，3岁儿童已能辨别上下方位，4岁儿童已能辨别前后方位，5岁儿童开始能以自身为中心辨别左、右方位，6岁儿童能完全正确地辨别上下前后四个方位，但以自身为中心左右方位辨别能力还须加强。对于方位知觉不强的孩子，家长可以运用游戏来加以训练。其中，"看看能不能接住它"这一游戏就是通过仔细观察物体的飘落，训练宝宝眼睛追随物体的能力和注意力。

游戏准备

小丝巾、小手绢、气球等。

操作方法

妈妈抱着宝宝坐或妈妈和宝宝席地而坐，妈妈把小丝巾、小手绢、气球等轻飘飘的东西抛向高处，母子的目光随着这些东西的上升而将视线"提升"，随着它们的向下飘落而下降；当它们快要落到跟前时，让宝宝伸手或张开双臂去接；而后，再扔出去，重复刚才的动作。

训练指南

视觉功能之所以发育不良是因为视觉神经及视觉组织没有得到有效的训练。视觉功能分为视觉信息的输入及视觉信息的输出。我们先说视觉信息的输入。视觉信息的输入主要以图像为主，其次为文字，而文字又包含有数字，字母等。图像信息有大小、形状、颜色这几个方面，就拿树叶来说吧，除了颜色、大小、形状之外还有叶茎、叶面等信息可以采集。叶茎有粗细之分，叶面有正、反面和滑、糙之别。文字有笔画、笔顺、上下、左右、混合结构之类的信息。数字有数值、数位、大小之类的信息。

一般视知觉发展不良的孩子外表看上去很聪明，眼大而亮，但往往上学后认字母、认数字、认字速度缓慢，学习书写缓慢、困难，一入学就明显不适应，阅读时更是漏洞百出，书写认真但常有错别字，神色显得有些多动或慌乱，二年级数学应用题阶段在自己读题时有困难，口若悬河但观察日记总干巴巴没几个字，甚至被怀疑是"低能"等，这些现象足以说明孩子需要在视知觉方面进行强化训练。

猜五官：训练宝宝的观察力和手眼协调能力

心理学家认为，对儿童的视知觉开发和训练可以直接提升幼儿的观察力、想象力和艺术天赋，作为父母，可以从日常生活中的事物开始训练孩子，比如"猜五官"的游戏，不仅能提升孩子的视知觉能力，更能通过指认身体的不同部位，锻炼宝宝的观察力和手眼协调能力。

游戏准备

营造轻松和谐的游戏氛围。

操作方法

抱着宝宝，让他坐在妈妈的膝盖上，与妈妈面对面。触摸他脸上不同的部位，如轻轻抚摸他的鼻子，告诉他"这是你的鼻子"，最好重复多次；然后问："妈妈的鼻子在哪儿？"抓着他的小手放在妈妈的鼻子上，说："在这呢。"同样，妈妈可以同宝宝一起做"眼睛在哪儿""眉毛在哪儿""耳朵在哪儿""嘴巴在哪儿"等游戏。

训练指南

"猜五官"的游戏除了训练孩子的视知觉功能外，还能培养孩子的合作意识与能力，作为家长，我们都知道，任何一个生活在科学技术高度发展环境里的现代人，要想有所作为，就必须善于与人合作，依靠人与人之间的友谊和信赖，各自从对方身上得到帮助和启迪。与人合作能力的强弱，已成为当今世界人才的重要素质之一，能够与人很好地合作，是一种良好的心理品德。其实，善于运用人际关系本来就是宝宝们天生的能力，我们培养孩子的重要目标，也就是要培养他们的情商，让孩子懂得运用人际关系来获取成功。让宝宝从小明白合作是成功的捷径，孩子就会在奋斗的过程中事半功倍。培养宝宝与人合作的能力，可以从宝宝们喜欢的游戏开始。

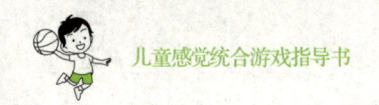

玩扑克游戏：训练宝宝的注意力和快速反应能力

注意力是指人的心理活动指向和集中于某种事物的能力。而孩子的注意力主要就是指孩子专心做事、专心想事的能力。注意力是儿童视知觉能力的一个重要方面，在学校学习中，注意力就代表孩子能够集中注意力完成学业的能力。注意力几乎是每个人都应该具备的基本能力，而家长更应该从孩子小的时候就进行培养，因为每一个人都需要一定的专注能力，才能够更好地、更高效率地、做一件事情。如果孩子一直无法做到注意力集中的话，也会给孩子带来很多的危害，但无论如何，我们父母都要引起重视，尽早干预，以帮助孩子尽快调整。扑克牌有不同的数字、花色和图案，扑克游戏能让孩子们在玩游戏的过程中训练观察力和专注力，如果孩子能始终记住扑克牌，则他的注意力就很高。

游戏准备

三张不同的牌。

操作方法

取三张不同的牌（去掉花牌），随意排列于桌上，如从左到右依次是梅花2、黑桃3、方块5，选取一张要记住的牌，如梅花2，让宝宝盯住这张牌，然后把三张牌倒扣在桌上，由家长随意更换三张牌的位置，然后让宝宝报出梅花2在哪儿。如果宝宝说对了，就胜，两人轮换做游戏。

随着能力的提高，家长可以增加难度，如增加牌的数量，变换牌的位置的次数和提高变换牌位置的速度。

这个游戏可锻炼集中注意力和快速反应能力。

训练指南

对于宝宝来说，他们最大的兴趣就是玩，一些父母认为扑克牌会让宝宝沉迷游戏，其实不然，对于六岁以前的宝宝，对于扑克游戏还没有深入了解，也不懂扑克游戏的规则，再者，他们在家长的带领下做游戏，有家长的监管，不必过于担心。

第07章
儿童听知统合训练游戏

对于年幼的儿童来说，他们认识和接触世界，除了来自"看"以外，还有"听"，所以，除了视知觉能力的发展外，听知觉能力也尤为重要，其视听统合能力的发展尤为重要，教育专家认为，听觉统合能力训练应该在婴儿时期就开始，主要训练婴儿的听觉能力。那么，如何在家庭中对孩子进行听觉统合训练呢？在本章中，我们来揭开答案。

和宝宝多说话：为宝宝提供好的声音和语言环境

语言是交际的工具，思维的武器，对一个孩子来说，及早掌握语言是很重要的。刚出生的新生儿是不会说话的，需要爸爸妈妈逐渐教导以及孩子的耳濡目染，宝宝在学会说话前，我们要为他提供一个好的语言环境。在日常生活中，我们要善于创造一切机会和宝宝多说话，为宝宝以后说话做准备，还有利于宝宝将物体、行为与词语联系起来。不过，此时虽然宝宝的听觉已经很敏锐了，但你说了什么，他可能一下子听不懂，不过没关系，这些都会成为他以后开口的词语储备。

游戏准备

为宝宝营造轻松和谐的语言环境。

操作方法

第一步，一般而言，和爸爸相比，妈妈与宝宝在一起的时间更多，妈妈可以利用和宝宝在一起的每一个机会为宝宝讲解。

第二步，妈妈和宝宝一起坐车时，可以描绘一下窗外的风景，比如左边的树木、灯光颜色和停车标志的形状，"左边的是树林，树林是绿色的，前面是红灯，等会儿就会变成绿灯，绿灯跟树林的颜色是一样的"。

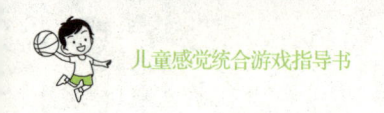

第三步，带宝宝去超市购物时，在给宝宝换尿布时，都可以为他作讲解。

妈妈要有耐心，要不断地给宝宝讲解，并且发音要清晰，语言要简短明快，不论他是否会做出反应，宝宝的词汇量越多，他就可以越早开口说话，表达能力就越强，同时，语言跟事物结合，还有利于宝宝的智力开发。

训练指南

儿童语言能力是从听觉开始逐渐发展起来的，会"听"的孩子才会"说"。发展儿童语言能力不能只靠知识的传授，也不能完全依靠模仿，它需要付出时间和耐心慢慢发展成熟，也需要努力和意愿来累积经验。新生儿的语言适应能力很强，在孩子8个月大时，理论上可以学习任何国家的语言。但是，随着儿童不断长大，这种能力会呈现出下降的趋势。所以，对儿童的语言能力训练一定要抓住这一黄金时期。父母要为婴儿提供丰富的视觉和听觉刺激，尽管他还不能进行清晰、准确地理解语言沟通，但父母可以将看到的事情和正在做的事情不断地讲给宝宝听，让宝宝在头脑中将语言和日常生活的事情联系起来（而不要太在乎宝宝是否真的理解），这是在进行语言的储备，对孩子将来的语言发展能起到奠基的作用。

寻找声音：提升儿童的听觉辨别力

儿童的学习主要通过视听动三种感知觉通道，如果听知觉功能不足，将对学习特别是语言学习产生较大的影响。例如听觉分辨能力不足导致难以区分音近字、音近词。听觉记忆能力不足导致无法听全重要信息，听觉理解不足导致听讲能力和阅读能力落后等。

研究表现，部分儿童的注意力不集中和学习困难与听知觉功能不足有关，通过针对性训练提升学习相关的听知觉功能，能改善提升相关学习表现。听知觉能力是有结构的。听觉辨别力是重要的一种，是指接受和辨别各种声音的能力。一般而言，对声音或者语音差别较大的听觉刺激，儿童都比较容易分辨，如果声音接近，差别较小的话，那么孩子分辨起来就非常困难。"寻找声音"能提升儿童的听觉辨别力。

游戏准备

宝宝喜欢的某个发声玩具、一些可以隐藏玩具的物品，比如衣服、杯子等。

操作方法

将一个宝宝熟悉的发声玩具，藏在他身上的衣服内，或者藏在枕头

下和被子里，让宝宝听到玩具的声音，并去寻找它。

训练指南

  在儿童成长的过程中，无论是视觉能力还是听觉能力，都是重要的学习能力，许多患有注意力缺失的儿童的视听能力都相对落后。有专家曾经做过统计，小学生50%的上课时间在听老师讲话。但是，有时候我们也会遇到这样的一些儿童：上课不能长时间地专心听讲，注意力分散；常常是充耳不闻，更别说要理解老师上课的时候讲解的知识了；记不住也记不全老师布置的作业。复述老师所讲的内容的时候，显得语无伦次……出现这些问题，孩子很有可能是视听知觉功能失调，但要预防这一点，需要我们父母从小对孩子的视听知觉发展进行关注，一旦发现孩子有视听知觉失调的现象，就要进行积极干预。

● ▶ 高个矮个：训练孩子的听觉专注力

无论是婴幼儿，还是刚开始上幼儿园的孩子，如果父母发现孩子存在视听知觉失调的问题，一定不能忽视，如果父母在孩子小的时候没注意孩子的视听知觉问题，那么当孩子长大后就可能会出现其他感官失调的情况，甚至会对孩子的学习能力及语言沟通能力造成障碍，严重影响孩子的身心健康发展。对于已经形成听觉统合失调的孩子，其矫正方法与训练方法是一致的，只是我们一定不能只告诉孩子如何做，更重要的是在行为上督促孩子做好。只有这样才能帮助孩子加强调整与改善，杜绝精神涣散、注意力不中的现象，家长可以将训练寓于游戏中，寓教于乐，训练孩子的听觉专注力，其中"高个矮个"就是孩子们比较喜欢的游戏之一。

游戏准备

父母营造轻松愉快的家庭氛围。

操作方法

父母向孩子介绍游戏内容：告诉他喊"高个""矮个"时让他做相应的动作。动作如下："高个"代表两手上举，两腿提踵，脚尖站立，类似芭蕾舞动作；"矮个"代表两腿半蹲，双手扶膝，类似于蹲马步。

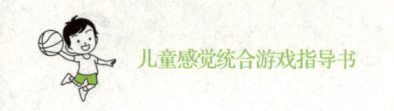

父母发出口令，孩子立即做动作，观察孩子是否能迅速做出反应。

注意事项：为增加游戏的趣味性，提高孩子的兴趣，父母也可参与进来。与孩子比赛，看谁的反应快。

训练指南

听觉统合失调的训练应该从婴儿时期就开始，主要训练婴儿的听觉能力。在对孩子说话时一定要保证面对面，让孩子直视说话者的面部，帮助孩子学会捕捉说话者的口型，专注地聆听说话者发出的每个音符、音调，根据说话者发出的指令做出相应的动作。经过长期的有意识训练，孩子就会自觉形成注视主讲者的习惯，结合主讲者的口型也就更容易捕捉来自主讲者的语音信息。老师们都知道：上课不认真的孩子基本上都没有看着老师，看着老师的也是目光涣散，有着自己的心思。那些看着老师并且目光聚敛的孩子一般都是学习成绩比较好、学习轻松的孩子。

这是什么声音：时刻提醒孩子有意识地倾听

生活中，听觉信息多而杂，每天从早到晚充斥耳边的是各种各样的嘈杂声，与视觉信息相反的是，听觉信息是单一的，不是越多越好，需要过滤掉除主讲者一方的声音外所有的声音。但我们的孩子没有得到过这方面的训练。孩子在嘈杂、纷乱的声音信息干扰下很难分辨主讲者的声音。对此，我们可以从宝宝很小的时候就对其进行训练，让宝宝从日常生活中开始留意周围各种各样的声音，让他有意识地倾听，这样能帮助孩子养成注意倾听的习惯。

操作方法

找出日常生活环境中的声音，如闹铃声、电话铃声、人声，如咳嗽、笑声、动物叫声等。

当上述声音出现时，让孩子说出这是什么声音。

注意事项：善于利用日常生活中的细节，时刻提醒孩子有意识地进行倾听。

训练指南

我们知道：某种功能由弱到强唯有通过训练才能完成。而客观现实却是：在孩子幼小的时候，家长们忽略了对孩子的听觉能力进行有效的训练，致使孩子对外部的语音信息的接收能力不够敏感，常常听不到或者听不清家长的指令，或者就是听到了也是充耳不闻，不采取任何相应的行动。其实，听知觉统合能力的训练，是培养孩子注意力的最好方法。父母要抓住孩子心理发育的最好时机进行感统训练。一般来说，在宝宝5个月大的时候，就应该进行听知觉能力统合、培养注意力的训练了。当然，任何训练方法重在实践，而非纸上谈兵，只有这样才能帮助孩子调整与改善。

听高雅音乐：开启宝宝的音乐天赋

有人说，音乐是人类美好的语言。听好歌，听轻松愉快的音乐会使人心旷神怡，沉浸在幸福愉快之中而忘记烦恼。英国一位心理学家曾经说过：从孩子出生的那一刻起，他们就已经才华横溢了。也就是说，在我们出生的那一刻，我们是带着一些才华来到这个世界上的，这就是我们日后学习的愿望和学习的能力。当孩子发现不同的乐器发出的声音会创造出一种叫"音乐"的东西时，他们便进入了音乐的敏感期。在这种情况下，妈妈如果顺应了孩子的意愿，及时地让他接触音乐，那么，他的音乐天赋就有可能被开发出来，而再进一步，如果妈妈引导得当，那么，孩子也许真的能成为音乐方面的人才。但如果家长视若无睹或者急功近利，都有可能打消孩子的积极性，扼杀孩子的天赋。

对于初生的宝宝来说，让他听一点舒缓、优美的高雅音

乐，是训练宝宝听知觉功能、开启音乐天赋的第一步。

游戏准备

音乐播放器。

操作方法

让宝宝听一点舒缓、优美的高雅音乐，每天2次左右，每次5~10分钟。也可以让宝宝继续听胎教音乐，这样他会感到亲切和安逸。

这些音乐不需刻意要求宝宝去听，只需把它当作一个背景音乐，在宝宝吃、玩、睡时，放一放即可，他的大脑会不知不觉地留下许许多多的美妙旋律。要让宝宝长期坚持听美妙高雅的音乐。

训练指南

每个孩子都具有音乐天赋，当他还处于婴儿期的时候，一听到音乐他的身体就会很自然地产生一种反应。而在4岁左右的时候，孩子的这种反应就会变得很强烈，这时候他就进入了音乐敏感期。在这个阶段，如果妈妈能满足孩子内心对音乐的需求，那么他的音乐天赋往往就能最大限度地被开发出来。此时，首先，家长要选择合适的音乐，要为孩子播放一些经典音乐，培养孩子的乐感，而不是放流行歌曲，以免孩子被某些歌曲中的不良因素所影响。其次，如果有条件，父母可以为孩子购买一些音乐设备，尽可能多地让他去接触不同的乐器，来极大程度地调动他对音乐的兴趣。最后，父母可以和孩子一起欣赏音乐。

打电话：帮助宝宝练习听的技巧

在宝宝的语言发展过程中，"听"是很重要的基础，我们应该借助各种听觉游戏，帮助宝宝建立听觉注意力、寻找声源及理解生活中的各种声音，以锻炼宝宝语言发展所应具备的听觉能力。"打电话"这个古老的游戏对各个年龄段的孩子都适用，能够帮助他们练习听的技巧。

游戏准备

玩具电话。

操作方法

妈妈和宝宝同时拿起玩具电话，拉开一定距离。

妈妈拿着电话站在这头，对着电话和宝宝模拟说话，叫宝宝的名字，问候宝宝的玩具，说一些生活中常对宝宝说的话，眼睛看着宝宝，观察宝宝的反应。

把电话放回电话机时，要对宝宝说再见，并教会宝宝把电话放好。

妈妈对着电话跟宝宝说话，宝宝会感到好奇，此时，妈妈可以告诉宝宝，这种行为就叫打电话，打电话能让不在一个地方的两个人相互说话、互通消息，这样比直接见面谈话方便多了，宝宝就能从中得到鼓励而对着

电话听声音。等妈妈多次示范后，宝宝就会对电话产生浓厚的兴趣，因为里面可以发出声音。等到宝宝对这个游戏熟悉以后，他（她）会主动地拿起电话，等妈妈拿起另一个，然后高兴地听妈妈在电话里对他（她）讲话。

孩子小的时候，对话可以从简单的内容开始，等他们大一些，可以增加对话的长度和难度。

训练指南

一个孩子的视知觉能力和听觉能力发展水平直接影响着一个孩子的学习结果，因为视听通道是孩子接收外界信息的主要通道。生活中，将近80%的信息都是通过视听通道获得的。在视听知觉正常发育基础上发展起来的视知觉和听觉的好坏也是影响孩子上课能否有效听讲的基础。试想，孩子上课时听不懂老师讲课的内容，记不清老师的要求，就会出现不能长时间注意听讲，对语句听得颠三倒四，根本谈不上对学习的兴趣，更谈不上"有效学习"。所以孩子的听觉能力训练尤为重要。

听声音猜乐器：锻炼宝宝的听觉注意力

人类的感觉包括视觉、听觉、嗅觉、味觉、触觉和重力感觉。有了听觉，人们才能听到动听的音乐，才能与人沟通。在我们的头脑中，都有个听觉处理中心，这样，一旦声音刺激到我们内耳中的听觉接收器，听觉处理中心接收后，就会进行处理。

反过来，如果听知觉能力不足，宝宝也可能表现出注意力不足的现象。如果宝宝的听觉分辨力不足，导致听讲困难，听得吃力，听不懂，则容易导致注意力分散和转移。

对听觉记忆能力不佳的宝宝，父母可带孩子多做一些游戏，比如"听命令做动作""听指示画图""复诵数列"或"朗诵文章""听声音猜乐器"等游戏，这里我们要介绍的是"听声音猜乐器"的游戏，让他们学习将所听到的话有组织地储存在脑中，然后再将这些知觉印象有条理地运用到日常生活中去。

游戏准备

小鼓、小喇叭、口琴三种小乐器。

操作方法

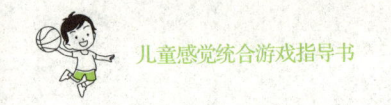

先展示三种小乐器,如小鼓、小喇叭、口琴,并分别演奏,让孩子熟悉各自的发音特点。然后蒙住眼睛,弹奏一种乐器,让孩子猜猜是哪种乐器。

训练指南

任何一个学龄前的宝宝都要在未来进入学校学习,宝宝的学习主要通过视、听、动三种感知觉通道,如果听知觉功能不足,将对学习特别是语言学习产生较大的影响。例如,听觉分辨能力不足导致难以区分音近字、音近词,听觉记忆能力不足导致无法听全重要信息,听觉理解不足导致听讲能力和阅读能力落后等。研究表明,部分宝宝的注意力不集中和学习困难与听知觉功能不足有关,通过针对性训练提升与学习相关的听知觉功能,能改善提升相关学习表现。

小小传话员：培养孩子专心听别人说话的习惯

这一游戏适合已经会说话的宝宝，让宝宝复述他人的话，能让宝宝专心听别人说话，也能训练他们组织语言的能力，只是，一开始宝宝复述时，可能会断断续续，或者表达不清楚，我们一定不可着急，要耐心地帮助宝宝纠正表达，直到宝宝能清楚明了地复述大人的话为止。

游戏准备

1个10~15厘米长的纸筒。

操作方法

游戏开始时，两个大人分别坐在孩子的两端，中间隔着一段距离，而孩子坐在中间，游戏开始时，一端的大人对在中间的孩子说一句话，声音要小，保证孩子能听到，但那头的大人听不见，在确保孩子听清了的情况下，让他再告诉另外一头的大人。

如果孩子传对了，要鼓励表扬："宝宝真棒！"如果孩子在复述时想不起来了，可以让孩子再回到第一个说话的大人身边，让大人再将刚才的话说一遍。

当孩子熟悉了这一个流程后，就可以用上10~15厘米长的纸筒，将纸筒放

到宝宝身边，能提升宝宝继续参与游戏的兴趣。

这一游戏对孩子而言是非常有趣的，孩子本身就是好动的，这样来回在大人之间传话，孩子会觉得很好玩，进而愿意参加游戏。

大人可以利用这个机会教给孩子一些更加复杂的语言，孩子也都会尽力去学。所以大人不要轻易放过这个好机会。让孩子把大人讲的话传给另一个大人，训练孩子的记忆力。

另外，在这一游戏中，父母要考虑孩子的年龄和理解能力，说的话必须简单清楚，不要太复杂，否则孩子听了会有挫败感。等孩子熟悉游戏之后再慢慢增加传话难度，尽量延长游戏时间。

训练指南

这一游戏能训练宝宝的语言能力与听觉能力；增加宝宝的词汇量；锻炼宝宝的记忆能力。

听觉记忆力是宝宝在听完一件事情后复述这件事情的能力。记忆力是学习的基础，词汇量更是宝宝语言表达能力的基础，让宝宝参与到日常生活的沟通中，并在游戏中接受训练，对于宝宝以后的语言发展和学习很有帮助。

相反动作：提高孩子的听觉专注力和听觉记忆力

听觉记忆力不仅对儿童的成长，而且对他们日后的学习都意义重大，教育专家告诉我们，如果孩子的听觉记忆力不好，那么就很难把学过的知识和现有的知识结合起来，从而影响对新知识的理解。在孩子的视听统合训练中，训练孩子的听觉记忆力的游戏有很多，其中"相反动作"就是孩子们喜欢的一种游戏。

游戏准备

营造轻松和谐的氛围。

操作方法

让孩子所做的动作与家长所说的口令相反。比如：

（口令）立正——（动作）稍息，（口令）向前一步走——（动作）向后一步走，（口令）蹲下——（动作）跳起，（口令）跺脚——（动作）拍手。凡动作与口令相同、下达命令2秒内未做出动作的，记失败一次。

这里需要注意的是，家长可以加入，让孩子喊口令，自己做动作，这样能增强游戏的趣味性，使孩子更加主动地训练。

训练指南

研究表明，无论男孩还是女孩，运动都能够增强孩子的自信心，发展孩子的交往能力。家长也不妨多和孩子玩一些体育运动，如球类游戏、赛跑游戏等。引导孩子学会交流的最好时机是在他进行最喜欢的活动时。一般来讲，在大人与小孩子，或者孩子与孩子互动玩乐、运动的时候是孩子最放松的时候，也是引导他与人交流的最好时机。"相反动作"就是这样一种趣味性运动。

跳井：训练孩子的听觉专注力

对于学龄前的孩子来说，在未来的学习中，无论是背单词、背课文，还是记忆数学定理，也无论是哪门学科，都涉及记忆，记忆在智力活动中的作用更是毋庸置疑的。法国作家伏尔泰说："人，如果没有记忆，就无法发明创造和联想。"解答任何一道题，都需要记忆，一旦离开了记忆，思考就无法进行，问题也自然解决不了。而人的记忆与听觉专注力是一对孪生兄弟，训练孩子的听觉专注力，是培养其学习能力的重要方面。

游戏准备

全家人共同参与。

操作方法

在家里，家长和孩子可以围成一圈做游戏，每人说一个词："青蛙→跳井→几声→3声→咚→咚→咚"（"咚"的个数与前面所说的"几声"要一致），每个箭头代表一个人说，看谁不能完整地完成每一个环节。

如果第一个人说完了"青蛙"这一词语，另一个人则马上说"跳井"，而第三个人就直接说"3声"，而如果把"几声"这个环节跳过去了，就是犯规一次，每人说一个"咚"，依次往下排，如果少说了或者多

说了"咚",也被视为犯规。

需要注意的是,这一游戏可以全家人参与,并不限制游戏人数,还可以循环进行,不过,要考虑孩子的年龄,年幼的孩子不宜玩太久。

训练指南

跳井游戏不但可以在亲子之间完成,当孩子和其他小朋友一起,或者进入幼儿园以后也可以做,这一游戏能引导孩子理解并遵守游戏规则,训练孩子按不同任务要求进行游戏、与人合作的能力,并培养孩子的有意注意和专注力。

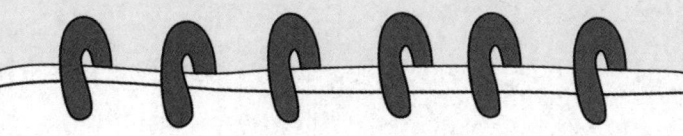

第08章
儿童精细动作训练游戏

作为父母，我们都知道，我们的孩子接触外在世界在很多情况下都是用手，所以孩子的动手操作能力极为重要，训练儿童的精细动作已经成为很多父母在家庭教育中的共识。其实，精细动作的培养和锻炼并不复杂，重要的是在陪伴孩子的时候从点点滴滴做起，父母需要多花心思，既锻炼了孩子，也让孩子在过程中获得快乐。还有要记住不去攀比，每个孩子的发展情况不一样，尽我们的所能去帮助孩子就足够了。

把手中的物品放进嘴里：宝宝精细动作训练的第一步

精细动作是人类解决细小问题的重要基础，其发展主要体现在手指、手掌和手腕等部位的活动能力，0~3岁是精细动作发展极为迅速的时期，因此要针对婴幼儿的年龄特点进行适当的训练。专家建议，让宝宝把手中的物品放进嘴里，是促进宝宝手部精细动作发展，也是培养他们动手能力的第一步。

游戏准备

一些适合宝宝吃的零食。

操作方法

用手将宝宝的手握住，引导宝宝拍手，并将宝宝的手引导到他的前面来。

在他的手中放置一件物品，然后帮助宝宝将这件物品送到他的嘴边，如有必要，还可以用牵引带将物品绑在宝宝的手上。

给宝宝一些可以吃的食物，引导他将食品放到嘴里。这一过程可以激发孩子的模仿意愿，我们可以当着宝宝的面从盘中取食物放到自己嘴里，然后鼓励宝宝也这么模仿，如果宝宝不配合，请你抓住宝宝的手把食物送

到他的嘴里。渐渐减轻你抓住他手的力量，减少帮助，让宝宝自己学着做。

用一根棒棒糖。你握住宝宝拿棒棒糖的手，开始时，你帮他把手尽量举到嘴边，让他尝一口棒棒糖的味道。

训练指南

人类区别于动物的一个重要特征，是人类能用工具。运用工具，标志着地球上的生物在生物发展史上进入了一个新的阶段，人类就是用手来制造工具和使用工具的，所以上肢动作成了智慧的代表，而非运动的代表。有人甚至说：人类靠手征服了环境，人的手如此精巧、复杂，不仅能展示人类的心灵，而且使人与环境建立了特殊的关系。

如果没有手的帮助，宝宝的智力可以发展到一个水平，但如果有手的帮助，宝宝的智力可发展到更高水平。由此可见，对宝宝进行精细动作训练，是家庭早教的重要内容。

咬一咬：引导孩子用嘴感知物品

儿童心理学家认为，根据孩子的发育水平，从出生就有计划和步骤地去锻炼他的双手做精细动作，有着重大意义。在孩子几个月大开始吃辅食时，我们就可以让孩子自己吃东西了，只要为他们准备婴儿餐具，让他们自己将食物送进嘴里，这样，就能锻炼孩子手部的力量，提高手腕的灵活度。另外，"咬一咬"这一小游戏不但可以引导孩子用嘴感知物品，还能锻炼孩子的手部肌肉，是家长们可以选择的训练孩子早期精细动作能力的一个方法。

游戏准备

可以用牙咬的橡胶圈、果冻、蜂蜜、花生酱、软硬的香脆饼干和胡萝卜。

操作方法

将某件对孩子来说无毒无害的东西放到孩子能看到的地方，如果孩子看到后并不想触碰，那么，你可以直接将东西放到他手里，并手把手地教他把手里的东西放进嘴里。

给孩子准备玩具，让他用牙咬，这样对于孩子坚固牙龈很有好处。

为了使孩子愿意配合这一活动，我们可以把孩子爱吃的一些零食，比

如果冻、蜂蜜、花生酱涂在物品上，但这只是在开始时为了让孩子把拿到的物品练习放进嘴里。

试着让孩子把香脆饼干和胡萝卜等放进嘴里。要注意观察，要让他一次咬一点，不要咬下一大块。

对于年幼的婴幼儿来说，在他玩耍的过程中，父母对于做得好的部分要鼓励，而做得不好的部分可以让孩子停下来，等他们有兴趣的时候再继续。

训练指南

父母们需要记住的一点就是，无论是什么样的方法，在孩子做的时候，父母一定要全程陪同，特别是对于珠子、纸片等这种细小的东西，一定要看护好，防止孩子吞入口中，包括孩子自己吃饭的时候，也不能离开，孩子太小，稍有不慎，恐发意外。

翻一翻书：训练宝宝手指的灵活性

12个月开始，宝宝小肌肉群已经比初生时更为发达，此时，妈妈可以利用讲故事的时间，让宝宝练习自己翻书的能力，目的是训练宝宝手指的灵活性及手腕的力量和对图画的判断力等，另外，还能融洽亲子关系、提升宝宝对阅读的兴趣。

游戏准备

图书、糖果等。

操作方法

给孩子念一些故事，你一边念，一边教他翻书。把着孩子的手帮他翻书。逐渐让他帮你翻书。

把家里的一些旧图书拿来给孩子当玩具。

把糖果等夹在书中，让孩子看见，让他找到这些食品。

拿来一本孩子喜欢的书，然后

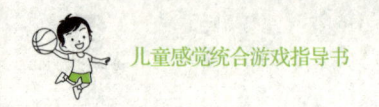

问孩子:"狗(或书中孩子认识的东西)在哪儿?"如果他找到了,就奖励他。

训练指南

　　心理学家指出,宝宝手部精细动作的发展遵循了从混沌到分化,从无意识到有意识的发展规律,基本形成了从本能地抓握——有意识地满把抓握——拇食指以及拇食中指的协调抓握——抓放可逆——双手协调。而手部精细动作的健全发展,可以使宝宝认识事物的各种属性及彼此间的联系,促进其知觉完整性与具体思维的发展,并且为宝宝以后吃饭、握笔写字、使用工具等行为打下基础。

把物品从容器中倒出来：训练宝宝手部的力量

精细动作是儿童智能的重要组成部分，是神经系统发育的一个重要指标。而所谓精细动作能力，主要指的是动手操作能力和手眼协调能力。

动手操作能力是一种操作技能，它是由一系列的手指动作构成的一种合乎法则的随意动作方式。所谓的"随意动作"就是指这种动作的形成受意识支配，受计划调节并服从于一定的目的或任务。动手操作能力的构成因素有动作的准确性、敏捷性、力量性、连贯性和协调性五个方面。在这五大方面中力量性的训练是儿童手部精细动作训练的重要方面，"把物品从容器中倒出来"就能达到这样的训练目的。

游戏准备

杯子、积木、饼干、小糖粒、葡萄干。

操作方法

把积木或杯子放在盘中。请你把积木放进杯子中，再慢慢倒出来。让他模仿你。需要时拉着他的手，引导他模仿你的样子去做。边帮助他做，边鼓励他。

把饼干放进杯子中，让孩子从杯子中倒出来吃。

把小糖粒或葡萄干放进细口容器中，教孩子怎样把这些小食品倒出来。

指着杯子对孩子说："装进去。"再指着桌子或盘子说："倒出来。"当他都做成功时，就抱抱他、亲亲他，并对他说："你真棒。"

这里，妈妈要注意的是，宝宝放到容器中的玩具应该是环保的，且不能伤害宝宝的皮肤。

训练指南

训练宝宝的手部力量，还可训练宝宝有意识地拿起和放下，宝宝开始拿玩具时可能会扔掉或撒手，但并不是有意识放下，大人可在宝宝拿起玩具如积木时用语言指导他放下，或给某人，放在某处，如"把积木放到杯子里""把球给妈妈"，训练宝宝有意识地拿起放下。每次成功后大人都要及时给予鼓励，激发他自己动手的兴趣和信心。

画妈妈的影子：有助于提升宝宝精细动作的发展

教育专家认为，精细动作的发育情况不容忽视，因为精细动作的发生是受到感知觉、注意力等多方面心理活动影响的，它与大脑发展息息相关。提升了精细动作，等于在孩子的感知和专注力方面也做了提升，有助于孩子的大脑发育。而孩子到了1岁以后，可以让孩子进行画画、涂鸦，给他准备纸和笔，或是孩子适用的颜料，允许孩子想怎么画就怎么画，想怎么涂就怎么涂，高兴画什么就画什么。

游戏准备

一张大白纸、手电筒、画笔。

操作方法

第一步，告诉宝宝"今天妈妈要跟你玩一个特别有趣的游戏"，以此激发宝宝做游戏的兴趣，然后说："我们拉上房间的窗帘，在黑屋子里玩。"

第二步，让宝宝坐在椅子上，在宝宝身后的墙上贴一张大白纸，再打开手电筒，让宝宝的身影映在白纸上，用笔把宝宝影子的轮廓画下来。

第三步，告诉宝宝让他和妈妈换个角色，让宝宝来画妈妈的影子。

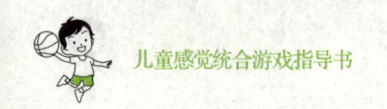

除了画人的影子外，还可以玩手影游戏。妈妈教宝宝做小兔、老鹰、狼头等手影。也可以让宝宝自己做一些他喜欢的动物的手影。

当然，除此之外，妈妈还可以在晴朗的天气，带宝宝到小区、公园找影子玩。让宝宝体会太阳光与影子的关系，知道物体挡住光线就会出现影子，影子的长短与光线照射的角度有关。

训练指南

在游戏过后，家长可以让宝宝的小作品变得有意义。父母可将宝宝的小作品变成大作品，如将孩子的剪纸放在房子里装饰，把宝宝的手工作品摆放装饰，把宝宝的绘画涂鸦做成衣服、公仔等。不需要太大的花费，就能让孩子动手做的小作品变得更有意义，引发他们的动手兴趣。孩子天生是动手的行家，只要给他足够的空间，他就能玩出无穷的花样。因此，父母要从单一的价值观中走出来，让孩子多看、多听、多想、多玩，关键是多动手，只有这样才能把孩子培养成为一个自信、乐观、有创意的人。

串糖葫芦：指导宝宝提升精细动作技能

当我们的宝宝学会走路之后，活动范围明显扩大了许多，这时的宝宝非常活泼好动。但是他们手、脚的协调能力还不完善，做起事来常常"笨手笨脚"，家长千万别因嫌宝宝麻烦或碍手碍脚而剥夺宝宝动手的机会，因为宝宝爱动手，正是训练他们精细动作技能的最佳时机，此时，家长可以教宝宝自己逐渐学会系鞋带、脱衣服、叠被褥、收拾自己的房间，洗一些简单的东西等，还可以指导宝宝做手工，对于一些年纪小的宝宝，可以从简单的比如串糖葫芦学起，不过，在这一过程中，家长要耐心地、反复给宝宝做示范，让宝宝跟着模仿，慢慢地宝宝就会从不熟练到熟练，最后运用自如。

游戏准备

红色橡皮泥、牙签。

操作方法

第一步，有时间的时候，妈妈可以带孩子在街上买一串糖葫芦，然后让孩子观察糖葫芦的颜色、形状。

第二步，游戏前给宝宝拿出红色橡皮泥，和宝宝一起开始制作糖葫芦。

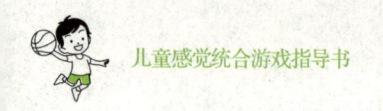

第三步，选择一盒红色的橡皮泥，开始动手制作。

第四步，家长先给宝宝演示，让孩子明白如何将红色橡皮泥捏成糖葫芦的样子，具体做法是橡皮泥放在两个手心中间来回转动，直到把它团成圆形。

第五步，让宝宝自己尝试着把橡皮泥穿进牙签里面，然后进行成果展示。如果宝宝做得很好，家长要给予赞扬和鼓励。

这里，家长需要注意一个问题，牙签两头是尖的，很容易伤到宝宝，因此，在做糖葫芦前，可以将牙签两头掰断。

训练指南

很多家长对橡皮泥都不陌生，且很多宝宝也很喜欢玩橡皮泥，橡皮泥的颜色五彩缤纷，橡皮泥的材质千变万化。因为橡皮泥柔软、可塑性强，可以做成孩子们喜欢的各式各样的形状。可以做车，也可以做飞机，这对于宝宝动手能力的开发大有好处，另外，玩橡皮泥还可以促进他们对颜色的认知能力，五颜六色的橡皮泥可以教会孩子认识颜色，教会孩子颜色的搭配，对孩子艺术感官的形成有一定的好处。当宝宝到了2岁以后，在保证橡皮泥材质安全的情况下，就可以让他们尽情玩耍了。

● ▶ 玩积木：帮助儿童构建空间感

积木是很多宝宝喜欢玩的游戏，玩积木是一个心力、手力、脑力、眼力一致作用的过程，宝宝并不是毫无目的地乱玩一气，他们是在不断的思考中进行设计，然后通过双手将作品完成。这个过程就是对孩子手眼协调能力的培养。另外，如果宝宝和其他小朋友一起玩积木，往往需要进行想法的交流协调。例如把搭积木的想法表达出来，想和别人交换积木等，都需要语言的支持。因此，玩积木也是发展语言和社交的好机会。

游戏准备

积木。

操作方法

日常生活中父母可以经常与孩子一起搭积木。作品搭建完成之后，家长可以问孩子搭建的作品的意义，比如，你可以问"宝宝搭的是什么东西，这个东西有什么功能"等。这样能训练孩子的逻辑思维、语言表达能力，还能增进亲子关系。

训练指南

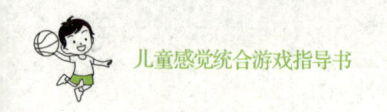

不同年龄的宝宝需要和适合的积木是不同的，这是家长在选购积木的时候首先要考虑的问题。如何挑选符合宝宝年龄的积木？主要看两个方面：一方面是安全性，包括积木大小和积木材质；另一方面适用性，主要是考虑到孩子的喜好和所需的运动技能。

以下是选购积木玩具小贴士：

用手摸一摸积木的边缘是否圆润、平滑，无毛刺，以免扎伤宝宝；

闻一闻积木的气味，如有刺激性气味则可能含有有害物质；

看看是否掉漆，宝宝有时会啃咬积木，容易掉漆的积木不安全；

建议从正规渠道购买有信誉保证的品牌产品，注意查看包装外盒是否有完整的厂家信息和3C认证标志。

只要是安全的产品，无论是塑料还是实木，原色还是彩色都可以放心购买，关键是根据宝宝的年龄阶段来进行选择，最大限度给宝宝提供受他喜爱并有用的积木玩具。

穿珠游戏：训练宝宝手部的灵巧程度

生活中，不少家长发现，孩子在上学之后，写字力度不对，要不折断笔芯，要么戳破书本。还有的孩子握笔姿势很难矫正，书写坐姿总是错的。写作业没有多久就说手指头疼，握笔肌肉紧张。其实，这些障碍的背后都是由于孩子早期精细动作锻炼不到位造成的肌肉发育不协调。穿珠，是很好的锻炼方式，让孩子先从穿大块的东西开始，一步步地去尝试穿小的珠子。手的灵巧程度取决于大脑的发展程度，所以从满手抓握开始一点点精确到各个手指的抓握，这种锻炼是非常有必要的。

游戏准备

一根粗线绳或塑料绳和算盘珠子或扣子等物品。

操作方法

妈妈可以在一旁指导宝宝一步一步地慢慢穿。

提醒宝宝先用一只手的拇指和食指捏住线绳，用另一只手的拇指和食指捏住珠子，然后，捏住线绳的手主动向算盘珠子靠拢，将绳子放入小孔内后，要及时地予以赞扬。

训练指南

为了激发宝宝做穿珠子游戏的积极性，随着宝宝手指技巧的进步，爸爸妈妈可以和宝宝进行穿珠子比赛。爸爸妈妈有时要故意穿得慢一点，让宝宝取胜。经过几次练习以后，可以用分钟计算，看看宝宝在月初每分钟能穿上几个珠子，月中每分钟能穿上几个，月末时每分钟能穿上几个。

除了让宝宝和爸爸妈妈比赛谁穿得更快，还可以玩一些新花样，比如按照珠子的颜色、形状、大小来作间隔串珠子。爸爸、妈妈、宝宝各按自己的设计穿珠子，最后再作评分，看看谁穿出来的珠子既长又漂亮。

参考文献

[1]王萍，高宏伟.家庭中的感觉统合训练[M].北京：清华大学出版社，2017.

[2]李娟.儿童感觉统合训练[M].北京：中国妇女出版社，2016.

[3]李俊平.图解家庭中的感觉统合训练[M].北京：朝华出版社，2018.

[4]克朗诺威兹.感统游戏[M].北京：中华发展出版社，2017.